INTERNATIONALE GÄRTEN

ökom verlag

Christa Müller

Wurzeln schlagen in der Fremde

Die Internationalen Gärten und ihre Bedeutung für Integrationsprozesse

Die Deutsche Bibliothek - CIP Einheitsaufnahme
Christa Müller
Wurzeln schlagen in der Fremde
Die Internationalen Gärten und ihre Bedeutung
für Integrationsprozesse
München: ökom, Gesellschaft für ökologische
Kommunikation, 2002

Verlag und Satz: ökom Verlag,
Gesellschaft für ökologische Kommunikation
Waltherstraße 29, 80337 München

Fotos: Tassew Shimeles

Umschlaggestaltung: Amalie Klimcuk

Druck: Laub GmbH + Co., Elztal-Dallau

Gedruckt auf umweltfreundlichem Papier

ISBN 3-928244-82-5
Printed in Germany

Inhalt

Inhalt

Programmatik der Internationalen Gärten

UMGRABEN

Der Boden der Gärten wird umgegraben, er wird für die Aussaat vorbereitet.
Auch Menschen werden durch Krieg, Flucht und den Verlust der Heimat »umgegraben«.
Sie versuchen, neue Wurzeln zu schlagen.

SÄEN

Mit den Setzlingen werden in den Gärten auch Kontakte und Freundschaften »gesät«.

WACHSEN UND PFLEGEN

Gemüse und Kräuter sprießen.
Die Pflanzenpflege entlastet von Alltagssorgen.
Sie wirkt heilend und setzt neue Identitäten frei.
Beim Umgang mit Erde und Pflanzen können wir eine gemeinsame Sprache finden.
Es wachsen Freundschaften und neue Fähigkeiten.
Die Zusammenarbeit der Familien aus vielen Kulturräumen lässt unsere Persönlichkeit wachsen.
Kinder und Jugendliche wachsen in den Gärten auf.
Sie helfen beim Gießen und Jäten und legen ihre eigenen Beete an.

ERNTEN UND TEILEN

Die Ernte wird mit Freunden und Nachbarn geteilt.
Ernten und Teilen gehört zusammen.
Großzügigkeit, Gastlichkeit, Toleranz und Respekt bestimmen das Zusammensein.
Das Projekt sucht Antworten auf die Sehnsucht der Menschen nach Natur, Kultur und sozialer Nähe.

Einleitung

»Plötzlich taucht hinter dem Rande des Mondes in langen, zeitlupenartigen Momenten von grenzenloser Majestät ein funkelndes blauweisses Juwel auf; ... umkränzt von langsam wirbelnden weissen Schleiern. Allmählich steigt sie wie eine kleine Perle aus einem tiefen Meer empor, unergründlich und geheimnisvoll.« (Edgar Mitchell, Apollo 14, zit. in Schmid 1999 : 400)

Die Astronauten der Apollo-Missionen waren gestartet, um die fremde Welt des Mondes zu entdecken. Was sich ihnen zunächst präsentierte, aus einer bislang unbekannten Perspektive, war das Eigene: die Erde. Obwohl die Astronauten allesamt geschult waren in Techniken der Naturbeherrschung – einige von ihnen hatten sich als Kampfpiloten im Korea-Krieg für die Raumfahrtmission »qualifiziert« – war die Konfrontation mit der Verletzbarkeit und der Ästhetik ihrer eigenen Existenzgrundlage eine offenbar tief bewegende Erfahrung.

Der Blick auf die Erde aus der Perspektive des Weltalls eröffnet unterschiedliche Wahrnehmungsmöglichkeiten – eine davon ist die Einsicht, wie notwendig es ist, den Planeten zu erhalten. Diese Erkenntnis ist universell nachvollziehbar, weil sie für das – vielleicht einzige – gemeinsame Interesse der ErdbewohnerInnen steht.

Es sind die Flüchtlinge, für die die Suche nach einer gemeinsamen Wahrnehmungs- und Handlungsgrundlage am dringlichsten erscheint, denn Flucht ist eine extrem verdichtete Erfahrung der destruktiven Seiten der Moderne. Dass der ungebrochene Fortschrittsglaube und der Wunsch nach Befreiung von »Naturabhängigkeiten« als Charakteristika der Moderne bereits unzählige Lebensräume irreversibel beschädigte, hat Folgen für die regionalen Bevölkerungen, aber es hat immer auch Folgen für den gesamten Lebensraum Erde. Folgerichtig ist die Ökologie ein essenziell grenzüberschreitendes und grenzensprengendes Themenfeld. Damit lässt sich auf verschiedenen Ebenen eine Schnittstelle erkennen zwischen der konkreten Suche nach einem (neuen) Lebensort und dem Erhalt der Vielfalt von Orten auf dieser Welt.

Genau an dieser Schnittstelle von Integration und Ökologie ist die soziale Praxis der *Internationalen Gärten Göttingen* angesiedelt, um die es in diesem Buch geht. Die Internationalen Gärten entstanden 1996 auf Initiative von bosnischen Flüchtlingsfrauen. Sie wollten ihr Leben auch im Exil wieder selbst in die Hand nehmen. Heute arbeiten allein in Göttingen 300 Menschen aus 20 verschiedenen Herkunftsländern an dem Projekt, das die selbstbestimmte Praxis der Integration mit ökologischen Themenfeldern verbindet.

Auf der Basis von biologischem Gartenbau, handwerklicher Eigenarbeit und selbst konzipierter Umweltbildungsarbeit entstehen neue Handlungsmöglichkeiten und Erfahrungsräume. Die Projektmitglieder haben in der Regel einen gesicherten Aufenthaltsstatus und kommen aus Afghanistan, Äthiopien, Bosnien, Deutschland, Eritrea, Irak, Iran, Kongo, Libanon, Marokko, Palästina, Peru, Russland, Sri Lanka, Somalia, Syrien, Tanzania, Tschechien, Türkei und Ukraine.

Der Verein Internationale Gärten Göttingen ist geprägt durch die spezifische Situation von Flüchtlingen, die alles verloren haben - nicht nur Hab und Gut, sondern auch soziale Netzwerke und eine Vorstellung von Zugehörigsein. All das wiederherzustellen, den Menschen die Möglichkeit zu geben, sich neu zu verwurzeln - analog zum Verwurzeln von Pflanzen - ist Aufgabe des Integrationsprojekts.

Integration wird hier nicht verstanden als eine Maßnahme des harten Schnitts, also der »Abtrennung« der MigrantInnen von ihrer Herkunft, sondern vielmehr als ein Prozess des Austausches und der Gegenseitigkeit sowie als Versuch, biographische Kontinuität wiederherzustellen. Die Internationalen GärtnerInnen greifen dabei auf eigene Erfahrungen zurück, die sie zum Handeln befähigen. Diese Art von Integration erfordert keinen Verzicht auf das Eigene, sondern verknüpft das Bestehende mit dem Verlorenen. Damit wird die Situation des Exils eigenständig angeeignet. In genau diesem Prozess konstituiert sich Einwanderungsgesellschaft.

Integration ist kein eindimensionaler Prozess, sondern schafft neue soziale Realitäten und stellt hohe Anforderungen an beide Seiten: Sowohl die ZuwanderInnen als auch die VertreterInnen der Aufnahmegesellschaft sind aufgefordert, sich zu öffnen, Interesse aneinander zu entwickeln und Gemeinsamkeiten zu erkennen. Dabei kann es nicht bei bloßen Appellen zur Integration bleiben. Vielmehr braucht es Orte, an denen Integration als konkrete Praxis erfahrbar wird. Das Erkennen des Fremden im Eigenen und des Eigenen im Fremden als zentrale Voraussetzung für interkulturelle Begegnung setzt Souveränität voraus: Die Eigenversorgungspraxis in den Internationalen Gärten verleiht ihren Akteuren die Souveränität, die sie benötigen, um anderen als Gleiche begegnen zu können. Sie haben etwas in der Hand: selbst Geerntetes oder selbst Hergestelltes, das sie verschenken können, zu dem sie einladen können. Damit knüpfen sie zugleich an die Alltagskultur der Gastlichkeit an, in denen viele von ihnen aufgewachsen sind.

Das Kapitel **Souveränität als Voraussetzung für Integration** thematisiert daher die Bedeutung eben dieser Form von Subsistenzproduktion, auf der die Projektpraxis in den Internationalen Gärten beruht. In Lebenssituationen, die von Verlust geprägt sind, kann die Arbeit für die eigenen Bedürfnisse Gemeinschaft stiften, eine Brücke schlagen und der eigenen Existenz neue Bedeutung verleihen.

Das Integrationsprojekt Internationale Gärten, in dem die unmittelbar Betroffenen selbst komplexe Ansätze der Eigenarbeit und der interkulturellen Bildungsarbeit entwickeln, hat bereits nach wenigen Jahren eine beeindruckende Erfolgsbilanz vorzuweisen. Sie spiegelt sich unter anderem in einer breiten lokalen und überregionalen Presse- und Rundfunkberichterstattung sowie in mehreren bundesweiten Förderpreisen und Auszeichnungen. Im Mai 2002 waren die Internationalen GärtnerInnen Gastgeber des erstmals stattfindenden »Orientierungsgesprächs der in Deutschland vertretenen Religionen zur Umweltpolitik«, weil sie auf der Mikroebene das praktizieren, was gesamtgesellschaftlich angestrebt wird: das Erkennen von Gemeinsamkeiten, die Übernahme von Verantwortung für die Zukunft der Erde jenseits aller sprachlichen, religiösen und kulturellen Grenzen.

Mittlerweile liegen fast 200 Anfragen vor: Von Volkshochschulen über Kirchengemeinden bis zu Anti-Rassismus-Initiativen, alle wollen ein Projekt nach Göttinger Vorbild aufbauen. Das zeigt, dass der Bedarf an innovativen Integrationskonzepten immens ist. Die von Rita Süssmuth geleitete Zuwanderungskommission der Bundesregierung empfiehlt den Zuzug von mindestens 50 000 Menschen pro Jahr. Alle, die die Zukunft von Gesellschaft nicht auf einen rein bevölkerungspolitischen Pragmatismus reduzieren, wissen, dass diese Öffnung Deutschlands für Einwanderer auf vielfältige Weise und auf unterschiedlichsten Ebenen gestaltet werden muss.

Die Internationalen Gärten können einen bedeutenden Beitrag dazu leisten – ein universell gültiges »Integrationsmuster« haben sie nicht anzubieten. Ein solches Muster kann es schon deshalb nicht geben, weil es sehr unterschiedliche Formen der und Motive für Einwanderung gibt. Was sich am Beispiel der Internationalen Gärten allerdings aufzeigen lässt, ist die bislang völlig unterschätzte Bedeutung, die sowohl die mitgebrachten Kompetenzen als auch die Alltagspraxis der »zu Integrierenden« für Integrationsprozesse haben.

Davon handelt das Kapitel **Integration jenseits von Erwerbsarbeit und Assimilation**. Es beleuchtet die vielfältigen Prozesse des interkulturellen Austauschs

Nachbarschaftsfest in den Internationalen Gärten

zwischen Flüchtlingen, MigrantInnen und Deutschen in den Internationalen Gärten aus verschiedenen Perspektiven und stellt ihre Bedeutung für die Einwanderungsdebatte in Deutschland heraus. Dabei findet ein mehrfacher Perspektivenwechsel statt: Auf der einen Seite kommen die GärtnerInnen selbst zu Wort, und auf der anderen Seite werden Theorien der kulturellen Globalisierung und der Interkulturalitätsforschung in Bezug gesetzt sowohl zur versorgungswirtschaftlichen Praxis in den Gärten als auch zu gängigen Integrationskonzepten. Dabei geht es nicht um Theorieproduktion, sondern darum, mit Hilfe unterschiedlicher neuer Perspektiven die vielschichtige Wirklichkeit der vermeintlich »Anderen« in den Blick zu bekommen und sie in ihrer Bedeutung zu würdigen.

Hier wird der gängigen Zuspitzung auf die scheinbare Alternative Assimilation *oder* Parallelgesellschaft nicht gefolgt, sondern der Frage nachgegangen: Was spielt sich in den Räumen *dazwischen* ab, in sozialen Grenzlandschaften, in denen unterschiedliche Zeiten, Orte, Symboliken und Identitäten aufeinander treffen - und in denen Bedeutung und Sinn produziert wird. Die Grenze als einen Ort zu identifizieren, an dem Menschen - trotz Vertreibungen und Enteignungen - ihr Leben gestalten, öffnet den Blick für das Interesse von Zuwanderern, einen Ort zu finden, an dem sie - und auch ihre Herkunft - willkommen sind.

Dieses Interesse wiederum korrespondiert mit der Notwendigkeit, Einwanderungsgesellschaft »von unten« zu gestalten. Als Reaktion auf die weltweit zunehmende Bedeutung der Herausbildung von multiplen und im kulturellen Sinne hybriden Identitäten sollte der Staat ebenfalls »hybride Integrationskonzepte« unterstützen, die in neuen sozialen Räumen wie den Internationalen Gärten entstehen. Integration ist auch ein Prozess der Neuformation von Identitäten - sowohl der Deutschen wie der ZuwanderInnen.

Die Thematisierung dieses Zusammenhangs wird fortgesetzt im Kapitel **Die Grüne Sprache der Völker**, in dem es um die Beschreibung und Analyse des in den Internationalen Gärten selbst entwickelten Umweltbildungskonzepts »Lebendiger Boden - lebendige Vielfalt« geht. Die Internationalen GärtnerInnen fragten sich zu Anfang ihrer experimentell angelegten Bildungsarbeit: Wenn man nicht über eine gemeinsame Kultur oder Sprache verfügt, ist es dann möglich, über Natur Verbindungen herzustellen und Erfahrungsfelder zu öffnen, also zu kommunizieren?

Diese komplexe Positionierung ist programmatisch für das Projekt Internationale Gärten: Es gelang im Kontext des Umweltbildungsprojektes, in den Flüchtlingen, also in zunächst selbst des Schutzes Bedürftigen, die Erkenntnis in die Notwendigkeit aktiven Umweltschutzes zu wecken. Das ermöglichte ihnen zugleich, die Opferperspektive zugunsten einer Akteursperspektive zu verlassen.

Das Wissen der MigrantInnen - die keineswegs alle lesen und schreiben können -, ihre sozialen und kulturellen Kompetenzen, die sie mitbringen, sind gefragt, um die in der Aufnahmegesellschaft relevante ökologische Thematik zu bearbeiten. Handeln an der Schnittstelle von Integration und Ökologie, das ermöglicht den Akteuren, unterbrochene Fäden wiederaufzunehmen. Sie können z.B. den vertrauten Bezug zur Natur wiederherstellen oder ihr Erfahrungswissen, das durch die Flucht seinen Kontext verloren hat, rekonstruieren und neu verorten.

Eine solche Praxis hilft nicht nur, sich selbst wiederzufinden - sie ist auch ein bedeutender Beitrag zur Zivilgesellschaft. Denn ein solcher Findungsprozess besteht nicht einfach nur aus dem Zurückgreifen auf Vorhandenes, sondern ebenso aus der Aneignung des Vorgefundenen - und damit seiner Veränderung. Genau an dieser Stelle entsteht die soziale Realität eines Einwanderungslandes; in dem sich Alteingesessene und neu Hinzukommende auf der gemeinsamen Basis der Zukunftsgestaltung begegnen. Keinen gemeinsamen Anknüpfungspunkt zu finden, führt dagegen zwangsläufig zu Desintegration.

Nicht zuletzt die länderkundlichen Sitzungen, in denen die TeilnehmerInnen des Umweltbildungsprojekts ihre Herkunftsländer, -regionen und -kulturen präsen-

Teezeremonie in den Internationalen Gärten

tierten, ließen erhebliche Gemeinsamkeiten in den durch Flucht und Vertreibung dominierten Biographien hervortreten, denen wiederum vergleichbare politische Ursachen zugrunde liegen.

Ein zentrales politisches Ursachenfeld ist die ökonomische Globalisierung, der aus diesem Grund das Kapitel **Migration und Umweltkrise** gewidmet ist. Ökonomische Globalisierungsprozesse sind zum einen Ursache für weltweite Fluchtbewegungen - auch für die verbreitete Flucht »vor der Umwelt«. Zum anderen bedroht der wachsende Zugriff der Global Players auf die letzten noch verbleibenden Ressourcen die Versorgungswirtschaft in immer mehr Regionen der Welt. Dieser Zusammenhang wird anhand von vielen konkreten Beispielen wie den Community Gardens in New York, der bäuerlichen Saatgutproduktion in Indien oder der Trinkwasserversorgung in Europa aufgezeigt. Am Ende steht die Frage, ob es den international agierenden Neuen Sozialen Bewegungen gelingen kann, die Kontrolle über die Ressourcen wiederzuerlangen.

Ein umfangreicher Serviceteil schließt das Buch ab. In **Die Internationalen Gärten als Modell für die Praxis** werden viele Fragen rund um den Projektaufbau diskutiert, Checklisten und Internet-Links zu möglichen Projektförderern präsentiert, der Umgang mit Konflikten in den Internationalen Gärten thematisiert und somit die ersten Schritte in die Praxis erleichtert.

Wie alles begann
Die Geschichte der Internationalen Gärten

*»Der Boden verbindet uns mit unseren Nachbarn,
mit anderen Menschen und Institutionen.
Der Boden verbindet uns mit unserer innersten Kraft.«*

(Tassew Shimeles)

1995. Bosnienkrieg. Auch in Göttingen leben Flüchtlinge aus dem Kriegsgebiet. Die Frauen treffen sich im Frauencafé des Göttinger Beratungszentrums für Flüchtlinge. Sie trinken Tee, basteln Tischschmuck und warten auf das Ende des Krieges. Die Sozialarbeiterin des Flüchtlingszentrums überlegt hin und her, womit sie das Interesse dieser Frauen wecken könnte. Dann stellt sie eine folgenreiche Frage: »Was vermissen Sie eigentlich am meisten hier in Deutschland?« Die Augen der Flüchtlingsfrauen leuchten. Ihre Antwort ist eindeutig: »Unsere Gärten.«

Warum also nicht auch in Göttingen Gärten bewirtschaften? Die Frauen machen sich auf die Suche nach einem geeigneten Grundstück und sind inspiriert von der Aussicht, einen zentralen Bereich ihres Alltagsleben wieder eigenständig gestalten zu können. Ein Jahr später wird der erste Pachtvertrag unterschrieben. Eine Gruppe von drei bosnischen, zwei persischen, zwei deutschen, drei kurdischen, einer irakischen, einer äthiopischen und einer afghanischen Familie beginnt das Grundstück zu bearbeiten.

Dann kommt der Frieden nach Bosnien, viele Familien kehren zurück. Der äthiopisch-deutsche Agraringenieur Tassew Shimeles, den das Migrationszentrum als Projektleiter engagiert, entwickelt ein Konzept vom Projekt Internationale Gärten und baut es gemeinsam mit den Gärtnerinnen und Gärtnern aus. Shimeles erkennt sofort die Chancen, die in diesem »niedrigschwelligen Angebot« für Flüchtlinge und Zuwanderer mit gesichertem Aufenthaltsstatus liegen: die deutsche Sprache zu erlernen und dabei an die eigenen Fähigkeiten anzuknüpfen.

Die Erfolge der ersten Zeit geben den Initiatoren Recht. Viele Zuwanderer, die schon seit Jahren in Göttingen leben und kaum ein Wort Deutsch sprechen, finden Zugang zu ihren Kompetenzen und Interessen: Wer eine Parzelle bewirtschaften will, muss dies unter gemischt-kulturellen Bedingungen tun. Und: einzig verbindende Sprache ist Deutsch.

1997 entsteht ein zweiter Garten in Duderstadt in der Trägerschaft des Caritas Verbandes. Familien und Einzelpersonen aus dem Libanon, dem Kosovo, Syrien, der Türkei und Palästina kommen hinzu.

Die Internationalen Gärten als Experimentierfeld für Nachhaltigkeitsstrategien

Das Gartenprojekt wird zur Erfolgsstory: In den nächsten Jahren erhöht sich allmählich die Anzahl der Gärten auf fünf. Im Jahr 2002 bewirtschaften rund 300 Frauen, Kinder und Männer aus 20 Nationen rund 12 000 Quadratmeter Fläche für den biologischen Anbau von Obst, Gemüse und Kräutern. Und sie bewirtschaften neue soziale Räume, wo interkulturelle Konzepte des Miteinanders und des Austausches in der Praxis der gemeinschaftlichen Eigenversorgung entwickelt und erprobt werden.

Aus einem Gartenbauprojekt für bosnische Frauen, von denen die meisten nach und nach in ihr Herkunftsland zurückgingen, entwickelt sich das Konzept von den Internationalen Gärten aus der Praxis selbst heraus und ist heute ein offenes Experimentierfeld für soziale, ökologische und interkulturelle Nachhaltigkeitsstrategien.

Der Jahresbericht 1999 listet die Vielfalt der Aktivitäten in den Internationalen Gärten auf:

»Kurse in der deutschen Sprache, Alphabetisierungskurse, muttersprachlicher Unterricht, praktische Kochkurse, Anleitung in Standortkunde und biologischer Gemüseanbau, Arbeiten mit Ton, mit Holz, Bau von Gartenhäusern und -toren, Bau von Wasserleitungen etc. bieten der Vielfalt der Fähigkeiten von Flüchtlingen, Migranten und Deutschen Raum für gemeinsame Entwicklung. Das Projekt bietet allen durch seine Kultur-, Öffentlichkeits- und Vernetzungsarbeit Kontakt zu ihnen neuen gesellschaftlichen Bereichen. Tägliche kleine Integrationsschritte werden dadurch gegangen. Im Projekt ist eine kontinuierliche soziale Beratung und Familienhilfe durch andere Projektmitglieder gewährleistet. Insbesondere Flüchtlinge und Migranten, die langjährig in Deutschland wohnen, unterstützen und beraten Familien, die erst vor kürzerer Zeit zugewandert sind und die der Orientierung im Alltag, bei ärztlicher Versorgung und bei der Berufsplanung bedürfen.«

Das Projekt ist in ständiger Bewegung. Es wächst an Akteuren – und seine Akteure wachsen an den immer neuen Herausforderungen: Sie bauen neue Gärten auf, geben Zeitungsinterviews, kooperieren mit der wissenschaftlichen Begleitforschung, präsentieren ihr Projekt in anderen Städten, üben sich in Konfliktmanagement, lernen die deutsche Umweltgesetzgebung und das Vereinsrecht kennen, beraten andere Projekte im Aufbau und generieren und erproben permanent neue Ideen.

1998 gründen Projektmitglieder aller Gärten den Verein »Internationale Gärten«. Unter seinem Dach werden die inhaltliche und ästhetische Gestaltung der Gärten organisiert sowie Projektaktivitäten in den Bereichen Eigenarbeit, Umweltbildung, Kultur, Kunst und »oral history« entwickelt und koordiniert. Der Verein sieht sich selbst als Forum, in dem aus der Vielfalt der Sprachen, Arbeitsweisen, Künste und Lebenserfahrungen neue Kommunikationsformen entstehen sollen. Projektkoordinator Tassew Shimeles formuliert sein Verständnis von den Internationalen Gärten folgendermaßen:

»Durch die Zusammenarbeit von Projektmitgliedern aus verschiedenen Kulturkreisen in den Gemeinschaftsgärten wird interkulturelle Kompetenz, Akzeptanz und Toleranz gefördert. Der Garten als Ort des Umgrabens, des Wachsens, des Blühens, des Früchte-Tragens und Sterbens bietet für die vielfach entwurzelten Projektmitglieder eine lebendige Möglichkeit, ihr Schicksal zu verarbeiten und sich mit ihrer natürlichen und sozialen Umwelt zu identifizieren.« (Shimeles 2001a: 1)

In seiner Satzung formuliert der Verein folgende Projektziele:

- Belebung der Eigeninitiative und Eigenarbeit
- Singgebung durch produktive Beschäftigung bei Arbeitslosigkeit und Einsamkeit
- Teilweise Selbstversorgung mit Gemüse, Obst und Kräutern
- Anregen von sozialen Beziehungen zwischen einheimischen und zugewanderten BürgerInnen
- Verstehen der Nord-Süd-Lebenswelten
- Bewusstseinsbildung über Ursachen von weltweiter Flucht und deren Vermeidung
- Verarbeitung von Fluchttraumata
- Stärkung des psycho-sozialen Wohlbefindens
- Kompetenz- und Erfahrungserweiterung durch Bildung und Fortbildung
- Berufliche Orientierung durch Kurse, Praktika und Betriebsbesichtigungen
- Vernetzung neu entstehender Internationaler Gärten

Eigenarbeit in den Internationalen Gärten

Die Internationalen Gärten unterscheiden sich von Begegnungszentren für MigrantInnen primär dadurch, dass die Menschen miteinander arbeiten, dass sie den Boden als gemeinsame Ausgangsbasis haben, auf dem sie lebensnotwendige Güter wie Obst, Gemüse, aber auch Freundschaften und Gemeinsamkeiten herstellen. In dem Sinn stiftenden Umfeld der Arbeit für die eigenen Bedürfnisse ist die Begegnung der Menschen untrennbar verbunden mit dem gemeinsamen Projekt der Gartenbewirtschaftung bzw. der Bewirtschaftung des transkulturellen sozialen Raumes Internationale Gärten.

Vergleichbare Erfahrungen werden auch in anderen Projekten der Eigenarbeit oder Eigenversorgung, wie z. B. im Münchener »Haus der Eigenarbeit« gesammelt: Eigenarbeit oder selbstbestimmte Produktion ermöglichen neue Formen der Kommunikation, die nicht beliebig oder künstlich herstellbar sind, sondern eine materielle Basis haben. Die Begegnung der Menschen, die zusammen arbeiten, hat ein Thema. Es geht um etwas. Hier ist die Ökonomie auf der Basis eines gebrauchswertorientierten Sinnzusammenhangs in die sozialen Beziehungen eingebettet. Das bedeutet zugleich, dass hier neue Formen von mittelbarer Gegenseitigkeit eingeübt werden können (vgl. Müller 2000: 111).

Kooperationspartnerin und Förderin der Internationalen Gärten ist die Münchener Stiftung und gemeinnützige Forschungsgesellschaft *anstiftung*, die seit 20 Jahren innovative Vorhaben im sozialen, kulturellen und ökonomisch/ökologischen Bereich initiiert, begleitet und verbreitet mit dem Ziel, die Autonomie der Einzelnen zu stärken. Dabei geht die *anstiftung* davon aus, dass eine größere Autonomie-Orientierung eine wichtige Voraussetzung für soziale und ökologische Zukunftsfähigkeit ist. (www.anstiftung.de)

Zentrale inhaltliche Konzepte der *anstiftung* sind Eigenarbeit und regionale Eigenversorgung. Die Essenz des Konzepts: Es geht darum, sich weitgehend vom Konsum zu emanzipieren, allerdings nicht durch Verzicht, vielmehr durch sein genaues Gegenteil: nämlich durch eigenes Tun zur Entfaltung eines selbstbestimmten Lebens beizutragen.

Dieses Verständnis von Eigenarbeit rekurriert auf den Historiker und Kulturkritiker Ivan Illich, der mit diesem Begriff Ende der siebziger Jahre in die Diskussionen um die Rückgewinnung von Autonomie in der warenproduzierenden Gesellschaft eingriff. Dabei bezeichnete er als Eigenarbeit das, *»... womit sich Menschen von Konsum und Produktion absetzen ... Eigenarbeit ist Ersatz von Ware durch eigenes Tätigsein.«* (Illich 1982: 52)

Mit dem Begriff der Eigenversorgung wird sowohl die Bezugnahme auf andere als auch eine verstärkte Orientierung auf existenzielle Versorgungsfragen im materiellen und im sozial-kulturellen Sinne in die Strategie der Autonomie-Stärkung einbezogen. Mit Versorgung ist allerdings kein passives sich Versorgenlassen gemeint, sondern Selbstsorge im Sinne einer selbsttätigen und gemeinschaftlichen Gestaltung der Lebensbedingungen, die die gegenseitige Versorgung einschließt. Selbstsorge ist dabei im Sinne des Philosophen Wilhelm Schmid (1998) zum einen notwendige Voraussetzung für die Sorge für andere (und das schließt auch die Natur mit ein) – zum anderen ergibt sich aus der Eigenversorgung die Versorgung anderer, weil sie sich auf die *Gesamtheit* der Verhältnisse richtet, die für das Selbst Bedeutung haben.

Die Erfahrungen aus der Projektpraxis der Internationalen Gärten zeigen, dass ein Gefühl von Verbundenheit mit der Welt, das über biographische Ereignisse wie Flucht und Verfolgung oftmals erschüttert wird, über die Verbindung zum Boden wieder neu hergestellt werden kann. Allerdings muss dieser Prozess der Neuverknüpfung von jeder und jedem Einzelnen immer wieder neu produziert werden. Konkret bedeutet das: Die Entscheidungen, die die eigene Präsenz im Garten betreffen, sind immer auch Entscheidungen für oder gegen die internationale Gemeinschaft der GärtnerInnen.

Damit knüpft die soziale Praxis in den Gärten an vertraute Bilder und Erfahrungen der Flüchtlinge an: Die meisten von ihnen haben keine »individualisierten«, sondern gemeinschaftsbezogene Identitäten und empfinden die soziale Gegenseitigkeit in den Gärten als eine Fortsetzung von bekannten Handlungsformen.

Auch das Vorhandensein eines ästhetischen Umfelds schafft ein Gefühl von Kontinuität. Naturästhetik als Universalie ist transportierbar in ein neues Umfeld. Pflanzen und Erde werden überall auf der Welt als »schön« und bewegend wahrgenommen. In diesem Sinne ist Universalität etwas, was Flüchtlinge bewahren kann vor einem sich abgeschnitten Fühlen von zeitlichen und räumlichen Herkunftskategorien. In Lebenssituationen, in denen das Eigene verloren und das Neue fremd und äußerlich erscheint, kann die Naturwahrnehmung und -aneignung eine Brücke schlagen und neue Erkenntnisse ermöglichen.

Der Verein Internationale Gärten identifiziert in seiner Selbstdarstellung entsprechend als erste Arbeitsgrundlage: Raum zur Verfügung zu stellen für gemeinsame Erfahrungen, gemeinsames Lernen und gemeinsames Wachsen. Wichtig für die Gärten als »Orte der Vielfalt« ist: Die Diversität der einheimischen und zugewanderten Menschen anerkennen und respektvollen Umgang miteinander praktizieren. In den Gärten existiert kein Diskurs über die »kalten oder zugeknöpften

Deutschen«. Fragt man nach ihm, reagieren die meisten MigrantInnen mit der Verteidigung der Göttinger Bevölkerung nach dem Motto: »Auf unsere Göttinger lassen wir nichts kommen«.

Eine weitere wichtige Arbeitsgrundlage des Vereins ist die soziale Teilhabe und die aktive Mitarbeit aller Mitglieder zu ermöglichen und den Selbstwert und das Selbstvertrauen – gerade auch von Frauen – zu stärken. Gefördert wird insbesondere die Einbindung der Nachbarschaften, der Gemeindemitglieder und der lokalen Institutionen im Umfeld der Gärten.

Die Realisierung dieser langfristig angelegten »Entwicklungsziele« für die soziale Gemeinschaft der GärtnerInnen und auch für die Einzelnen selbst sind verbunden mit einer hohen Bereitschaft, prioritär in die Beziehungsebene zu investieren.

Für die Projektkoordination bedeutet das, viel Zeit einzuplanen. Kommunikationsprozesse in der Gemeinschaft der Internationalen Gärten verlaufen langsam. Jede einzelne Stimme zählt, jeder Entscheidung geht ein oft mühseliger Diskussionsprozess voraus. Vor jeder noch so kleinen Veränderung werden die Mitglieder des Vereins zusammengetrommelt, alle erhalten die Möglichkeit sich zu äußern, und allen wird vermittelt, dass ihre Stimme zählt. Das sind Erfahrungen, die für viele Vereinsmitglieder – insbesondere für die Frauen unter ihnen – neu sind. Es sind Erfahrungen, die sie in ihrer Selbstwahrnehmung immens stärken.

Projektaktivitäten: Ein Überblick

Der folgende Überblick über die Aktivitäten der Internationalen Gärten in den letzten Jahren soll zeigen, wie vielfältig die Interessen, aber auch die Netzwerkbildungen und die Außenwirkungen der Akteure der Internationalen Gärten sind. Das selbstbewusste Auftreten der Internationalen GärtnerInnen, die mit ihren Projektideen von Anfang an offensiv nach außen gingen, wirken – und das ist das eigentlich Erstaunliche – selbst integrativ. Man könnte also sagen: Die zu Integrierenden integrieren sich selbstbestimmt, indem sie die scheinbar Integrierten einbeziehen in ihr Projekt von Völkerverständigung durch das Teilen von Arbeit, Kultur und Alltag.

Das bedeutet konkret, dass Integration hier verstanden wird als ein Prozess des wechselseitig aufeinander Zugehens. Zum einen wird der Kontakt zu Deutschen als elementar für die eigene Integration angesehen, zum anderen kommt es im Projektalltag aber auch häufig vor, dass es die Zugewanderten sind, die die Einheimischen an ihren eigenen Zusammenhängen teilhaben lassen und sie auf diese Weise in die von ihnen praktizierte Kultur der Gastlichkeit einbeziehen.

1996

— Anpacht des ersten Gartengrundstücks in Göttingen-Geismar. Träger sind zunächst der Caritas Verband und die St. Jakobi-Kirchengemeinde. Drei bosnische, zwei persische, zwei deutsche, eine irakische, eine äthiopische, eine afghanische und drei kurdische Familien und Einzelpersonen beginnen das Grundstück zu bearbeiten.
— Aktivierung von weiteren Migranten- und Flüchtlingsfamilien; Gruppenbildungsprozesse.
— Seminar zum biologischen Gartenbau in Kooperation mit der Evangelischen Erwachsenenbildung Göttingen.
— Erste Gemüse-, Obst-, Blumen- und Kräuterernte.
— Öffnung des Gartens als sozialer Treffpunkt für Nachbarn, Freunde und Interessierte.
— Nachbarschafts- und Kulturfest.
— Vorstellung des Gartenprojekts beim Bund Naturschutz Deutschland (BUND), bei der Zukunftswerkstatt Göttingen sowie bei diversen Kirchengemeinden.
— Übersetzung der Projektziele und -inhalte in sieben Sprachen.
— Tagesseminar mit Betriebsbesichtigung eines Bioland-Hofes.
— Tagesseminar über Heilkräuter mit Besichtigung des Naturschutzbundes Duderstadt.
— Tagesseminar Kompostierung in Kooperation mit dem BUND Göttingen.
— Tagesseminar Pilze mit Waldgang.
— Tagesseminar Auswertung der Projektarbeit und der Gruppenorganisation.
— Vorstellung der Internationalen Gärten bei der 3. Konferenz von Migranten und Flüchtlingen in Hannover (veranstaltet von der Niedersächsischen Landeszentrale für politische Bildung).
— Verhandlungen über neue Grundstücke mit verschiedenen Kirchengemeinden; im Dezember Anpacht des zweiten Gartengrundstücks.

1997

- Im September 1997 startet ein zweijähriger Alphabetisierungskurs für Frauen. Er wird geleitet von einer Lehrerin aus Bagdad, Projektmitarbeiterin der ersten Stunde, und richtet sich an Mitglieder und Nicht-Mitglieder der Internationalen Gärten.
- Im Rahmen eines Integrationskonzepts, das das Kennenlernen der deutschen Gesellschaft von innen vorsieht, werden erste Betriebsbesichtigungen durchgeführt. Besucht werden Baumschulen, Umweltgärten, ein Pilzzuchtbetrieb, ein Botanischer Garten, das Gewächshaus tropischer und subtropischer Pflanzen in Kassel-Witzenhausen sowie ein landwirtschaftlicher Ausbildungsbetrieb in Magdeburg.
- Winterkurs »Gartenkunst in den Kulturen des Orients«.
- Empfang von Göttinger Schulklassen.
- Vorstellung des Projekts bei der Kreisvolkshochschule, in Nachbargemeinden und bei der Ländlichen Erwachsenenbildung Duderstadt.
- Ein zweiter Internationaler Garten entsteht in Trägerschaft des Caritas Verbandes in Duderstadt nahe Göttingen. Hier finden Aktive aus dem Libanon, der Türkei, Afghanistan, dem Kosovo, Palästina, Deutschland, Syrien und dem Iran ihren Platz.
- Ein dritter Internationaler Garten entsteht in Trägerschaft des Evangelischen Ausländerpfarramtes in Göttingen-Hetjershausen.
- Kooperationsveranstaltung mit dem Kinder- und Jugendzirkus »Circus Ethiopia«. Zum Gespräch mit den jungen Artisten aus Äthiopien wurden jugendliche Strafgefangene der JVA Göttingen eingeladen.

1998

- Bildung einer Ausstellungsgruppe von sieben Projektmitgliedern aus fünf Ländern zur Erarbeitung der Wanderausstellung »Internationale Gärten – Wege der Integration«. Die Aktiven sammeln Dokumente, machen Fotos, zeichnen, malen, schreiben Gedichte und bauen Stelltafeln. Beraten werden sie von zwei ausstellungserfahrenen MitarbeiterInnen der Münchener Forschungsgesellschaft *anstiftung*. Finanzielle Unterstützung kommt außerdem von der Ausländerbeauftragten des Landes Niedersachsen.

Die einjährige Arbeit an der Ausstellung ist in sich ein interkultureller Produktionsprozess, an dem sich Aktive mit unterschiedlichsten Bildungshintergründen beteiligen.

— Besuch einer Abordnung der Partnergemeinde des Kirchenkreises Göttingen aus dem brasilianischen Xingu. Thema ist die Landlosenbewegung in Brasilien.
— Fest für Senioren und Seniorinnen von Kirchengemeinden aus Stadt und Landkreis Göttingen.
— Beginn eines muttersprachlichen Arabischkurses für Jugendliche der Gärten in Kooperation mit der Evangelischen Erwachsenenbildung Göttingen.
— Ein vierter Internationaler Garten entsteht in Trägerschaft des Evangelischen Ausländerpfarramtes in Göttingen-Mittelberg.
— Gründung einer Kunst- und Handwerksgruppe.
— Empfang von Kriegs-Waisenkindern aus Bosnien; die Kinder nehmen an einer Pflanzaktion teil.
— Vorstellung der Projektidee bei interessierten Gruppen und Einzelpersonen in Aurich, Kassel, Hannover und München.
— Empfang der Ausländerbeauftragten der niedersächsischen Landesregierung und von Vertretern der Evangelischen Landeskirche Hannover.
— Durchführung eines dreiwöchigen internationalen Workshops mit Jugendlichen aus 12 Ländern in Kooperation mit ijgd (Internat. Jugendgemeinschaftsdienste). Die Jugendlichen leben in Flüchtlingsfamilien, beteiligen sich an den Arbeiten in den Gärten und lernen Göttingen aus der Perspektive von MigrantInnen kennen.
— Kooperationsveranstaltung mit der deutsch-äthiopischen Musikgruppe »Sounds of Saba« im Göttinger »Haus der Kulturen«.
— Erntedankfest in der St.-Thomas-Kirchengemeinde.
— Kooperationsveranstaltung mit dem »Verein zum Schutz der tropischen Wälder« über Umweltschutz in Afrika und umweltinduzierte interne Migrationsbewegungen.
— Vereinsgründung als Resultat eines langen basisdemokratischen Abstimmungsprozess.
— Internationales Weihnachtsfest mit mehr als 200 GärtnerInnen in der Jacobigemeinde mit einem Beitrag über die Bedeutung des Weihnachtsfestes in der christlichen Religion.
— In Aurich/Ostfriesland entstehen Internationale Gärten nach dem Vorbild des Göttinger Projekts.

1999

- Eröffnung der Wanderausstellung »Internationale Gärten - Wege der Integration« im Göttinger Rathaus. Die Ausstellung wandert danach nach Hannover, Duderstadt, Hamburg, München und Berlin.
- Im März wird ein zweiter Alphabetisierungskurs für 15 Frauen mit Kinderbetreuung eingerichtet. Zugleich beginnt ein Sprachkurs in Altpersisch, den ebenfalls ein Vereinsmitglied anbietet.
- Beginn der Begleitforschung von Seiten des Kooperationspartners *anstiftung*.
- Empfang der Evangelischen Fachhochschule Hannover und des Grünflächenamtes der Stadt Hannover.
- Die Kunst- und Handwerksgruppe erarbeitet eine Fortbildungsreihe mit dem Titel »Brotkünste der Völker«, die den Bau von drei regionalen Brotbacköfen einschließt.

2000

- Gewinner der Ausschreibung »Der Boden lebt. Neue Umweltbildungskonzepte« des Bundesumweltministeriums (BMU). Erarbeitung des interkulturellen Umweltbildungskonzepts »Lebendiger Boden - lebendige Vielfalt«.
- Projektpräsentation auf der »Grassroots Women's International Academy«, EXPO, veranstaltet von der UN-Huairou-Commission.
- Projektpräsentation beim Ökologischen Institut Hannover im Rahmen der Diskussion »Nachhaltiges Niedersachsen«.
- Projektpräsentation mit Ausstellung auf der Internationalen Gartenkonferenz der Humboldt-Universität zu Berlin.
- Projektpräsentation mit Ausstellung auf dem Kongress »Arbeit und Migration« der Heinrich-Böll-Stiftung im Abgeordnetenhaus zu Berlin.
- Projektpräsentation mit Ausstellung in der VHS München.
- Vorstellung des Projekts am Institut für Erziehungswissenschaft der Uni Göttingen.
- Projektvorstellung und Beratung von Initiativen in Freiburg und Köln.
- Diverse Interviews für Hörfunk- und Printmedien.
- Durchführung eines Tagesseminars zur Konzeptentwicklung von Internationalen Gärten mit diversen Akteuren aus dem In- und Ausland.

— Ein fünfter Internationaler Garten entsteht in der Göttinger Königsallee.
— Teilnahme an diversen Fortbildungsveranstaltungen der Niedersächsischen Landeszentrale für politische Bildung, Hannover.
— Empfang der Vorsitzenden der Zuwanderungskommission, Prof. Dr. Rita Süssmuth, MdB, in einem der Göttinger Gärten.
— Empfang von Landwirtschafts-Studenten der GH Kassel-Witzenhausen.
— Empfang von EXPO-Mitarbeitern der Abteilung »basic needs«.
— Empfang einer indisch-amerikanischen Künstlergruppe und gemeinsame Gottesdienstgestaltung. Die Mitglieder verlesen Bibeltexte in ihren eigenen Sprachen.
— Empfang von Mitarbeitern des Bildungsvereins »Arbeit und Leben«.
— Kinderfest zum Weltkindertag der UNO und Nachbarschaftsfest.
— Mitgestaltung des Erntedankgottesdienstes der Thomasgemeinde mit anschließender Diskussion mit Gemeindemitgliedern.
— Tagesausflug zur EXPO nach Hannover.
— Tag des Flüchtlings: Solidaritäts- und Andachtsveranstaltung in den Internationalen Gärten für heimatlos gewordene Menschen mit persönlichen Erzählungen von der Flucht.
— Weihnachts- und Ramadan-Fest für Mitglieder und Freunde der Internationalen Gärten.

2001

— Bundessieger im Wettbewerb »Aktive Bürgerschaft«.
— Förderpreis »Aktion Bürger machen Staat« der CDU Niedersachsen.
— Besuch einer Delegation der brasilianischen Landlosenbewegung in den Internationalen Gärten.
— Exkursion zur Bundesgartenschau nach Potsdam.
— In Leipzig entstehen die »Bunten Gärten« nach dem Vorbild des Göttinger Projekts.
— Sommercamp, Jugend Aktion 2001 der Internationalen Gärten: In den Sommerferien arbeiten 13 Mädchen und Jungen zwischen 14 und 16 Jahren aus 7 Nationen in den Internationalen Gärten und werden mit den Themen Bodenfruchtbarkeit und Vielfalt vertraut gemacht. Gemeinsame Sprache ist Deutsch, in der ein reger Austausch über Schule, Sport, Musik, Eltern, Liebe und verschiedene Kulturen stattfindet.

Internationale Gärten: Bundessieger im Wettbewerb »Aktive Bürgerschaft«

- StudentInnen des Diakonischen Werks (Programm »Diakonisches Jahr im Ausland«) absolvieren ein Praktikum in den Internationalen Gärten, um »den Umgang mit anderen Kulturen zu erlernen«.
- Tag der Bodenfruchtbarkeit: Öffentliche Vorstellung des in den Internationalen Gärten erarbeiteten Umweltbildungsprojekts »Lebendiger Boden – lebendige Vielfalt«.

Integration jenseits von Erwerbsarbeit und Assimilation

»Die Massenmigrationen realer Personen und die globale Zirkulation kultureller Zeichen lassen heute das, was früher als dritte Welt woanders lokalisiert, ausgegrenzt und in seiner Realität verdrängt werden konnte, inmitten des Eigenen wiederkehren. Das im 19. Jahrhundert praktizierte nordamerikanische Ritual, in dem Neuankömmlinge aus fremden Nationen im Durchgang durch eine Scheune ihre nationalen und regionalen Trachten ablegten und als Amerikaner neu eingekleidet am anderen Ende herauskamen, ist als Modell der Assimilation alles Fremden fragwürdig und wohl kaum realitätstauglich. Genausowenig helfen wohl die Metaphern von melting pot *und* salad bowl *weiter ...«* (Bronfen u.a. 1997: 6)

Eine der vielen Paradoxien, die die Terroranschläge von New York und Washington produziert haben, waren die Reaktionen derjenigen Deutschen und Nicht-Deutschen, die sich in diesem Land seit Jahren für einen friedlichen Dialog der Kulturen einsetzen. Sie sahen sich genötigt, an die Mehrheitsgesellschaft zu appellieren, die laufenden Integrationsbemühungen nicht abzubrechen. Die defensive Haltung zeigt, wie dünn das Eis immer noch ist, auf dem sich interkulturelle Prozesse entfalten in einem Land, dessen wirtschaftliche Zukunft in erster Linie von der Einwanderung abhängig gemacht wird.

Interkultur oder kulturelle Vielfalt sind Begriffe, die nicht unbedingt mit Integration in Verbindung gebracht werden. Wörterbücher transportieren z. B. ein Verständnis von Integration, das mit widersprüchlichen Termini beschrieben ist: Eingemeindung, Zusammenführung, Einverleibung, Verschmelzung von bislang selbstständigen Teilen zu einer größeren Einheit bzw. Eingliederung von Elementen (Fischer Wirtschaftslexikon); aber auch: Wiederherstellung eines Ganzen, Wiederherstellung einer Einheit aus Differenziertem, Einbeziehung, Eingliederung in ein größeres Ganzes, Entstehung eines differenten Ganzen (Duden).

Die Definition »Entstehung eines differenten Ganzen« transportiert ein Verständnis von Prozesshaftigkeit und zugleich von Einheit in Differenz, das für die Beschreibung des komplexen Phänomens Einwanderungsgesellschaft adäquat sein könnte.

Derzeit jedoch scheint es, als würde unter Integration der in Deutschland lebenden 7,3 Millionen »Ausländer« lediglich verstanden: Deutsch sprechen und jeden Morgen zur Arbeit gehen. Zumindest die staatlichen Integrationskonzepte lassen diesen Schluss zu. Sie lauten: mehr Deutschkurse und mehr Erwerbsarbeitsplätze. So ist auf der Homepage des Bundesinnenministeriums zu lesen, dass für Zuwanderer eine »umfassende und individuelle Erstförderung« für notwendig erachtet wird, *um* ihnen »den Zugang zum Bildungs- und Arbeitsmarkt zu erleichtern«.

Die Einwanderungsdebatte wird in Deutschland nach wie vor auf reduktionistische Weise als arbeitsmarktpolitische Debatte geführt. Paradoxerweise beklagt man zugleich, dass sich zunehmend mehr EinwanderInnen aus ethnisch homogenen Communities wie z. B. der türkischen – und insbesondere die Frauen unter ihnen – dem Erlernen der deutschen Sprache bzw. angeblich »der Modernität« schlechthin verweigern. Fundamentale Kenntnisse der deutschen Sprache sind eine elementare Voraussetzung für Integration – nur erlernt sich Sprache nicht allein im Kurs. Ein erfolgreicher Spracherwerb benötigt eine Einbettung in sinnstiftende soziale Zusammenhänge. Wer diese Zusammenhänge nur im Lohnarbeitsbereich erkennt, übersieht einen beträchtlichen Teil der zugewanderten Bevölkerung. Denn Gradmesser für Integration ist immer noch der vermeintliche »Normalfall« einer lebenslangen und lebensstrukturierenden Erwerbsbiographie, die ihrerseits jedoch in der sogenannten nachindustriellen Moderne längst nicht mehr zum selbstverständlichen Repertoire aller Gesellschaftsmitglieder gehört.

Integration in transkulturellen sozialen Räumen

Was geschieht mit all den Menschen, deren reale Existenz nicht an den Erwerbsarbeitsprozess gekoppelt ist? Und was passiert mit den sozialen und kulturellen Ressourcen, die diese Menschen mitbringen, die aus nicht- oder anders industrialisierten Ländern kommen und keine Sozialisation als potenzielle Lohnarbeiter durchlaufen haben? Was ist mit den Frauen in diesem Land, die über andere sprachliche und kulturelle Hintergründe verfügen? Und welche Perspektiven eröffneten sich, würde man Integrationskonzepte entwickeln und fördern, die auch an die sozialen Kompetenzen anknüpfen, die sich nicht in erster Linie in der Erwerbsarbeit verwerten lassen?

Richtet man nämlich den Fokus weg von den vermeintlichen Defiziten der vermeintlich Anderen, weg von äußeren Attributen wie Kopftüchern oder Muezzinrufen und beleuchtet die alltäglichen Überlebensstrategien und die Gestaltung des Alltags der eingewanderten Frauen, Kinder und Männer, wird erkennbar, dass längst auch transkulturelle Räume entstanden sind, in denen höchst eigene Formen von Integration im Kontext multiethnischer Identitätsbildung erfunden und praktiziert werden – und zwar nicht, wie viele annehmen, ausschließlich über Erwerbsarbeit, sondern vielmehr auch und gerade über »gebrauchswertorientiertere« Zugänge zur sozialen Realität.

Nur wenige Forschungs- und staatliche Institutionen wie das Osnabrücker Institut für Migrationsforschung und Interkulturelle Studien (IMIS) oder das Deutsche Jugendinstitut in München (DJI) haben bislang die Relevanz dieser Fragestellungen berücksichtigt. Im DJI z. B. ist ein Forschungsprojekt geplant, das im Anschluss an den 6. Familienbericht der Bundesregierung ein familienpolitisches Integrationsinstrumentarium im sozialen Nahraum entwickeln soll. Hier ist eine Blickveränderung intendiert vom klassischen Instrumentarium der Sozialarbeit und der sozialen Dienste auf das Lösungspotenzial von Selbstorganisation und Selbsthilfe auf dem Hintergrund eines ressourcenorientierten Ansatzes.

Ausgangspunkt dieses Perspektivenwechsels ist die Tatsache, dass sich Migration weitgehend von der Arbeitsmigration auf Familienzusammenführung und Heiratsmigration verlagert hat. Das bedeutet, dass in der Frage des Eingliederungsprozesses von MigrantInnen ihre sozialen und familialen Netzwerke von wachsender Bedeutung sind. Hierzu kommentiert der Familienbericht:

»Der entscheidende Unterschied zur Arbeitsmigration ist darin zu sehen, dass der Zuzug über einen anderen Aufnahme- und Eingliederungsmechanismus erfolgt: es ist dies (zumindest zunächst) nicht mehr die strukturelle Eingliederung in das Beschäftigungssystem der Aufnahmegesellschaft mit allen damit verbundenen individuellen Qualifizierungsprozessen und Gelegenheiten der Kontaktaufnahme zu Mitgliedern dieser Gesellschaft. Vielmehr erfolgt diese Eingliederung (zumindest zunächst) ausschließlich aufgrund der sozialen Beziehungen zu und innerhalb der Migrantenminorität, d. h. an die Stelle des Humankapitals als wichtigstem Faktor für den Verlauf des Eingliederungsprozesses ist das gruppenspezifische soziale Kapital getreten.« (6. Familienbericht, Kapitel VII; www.bundesregierung.de/)

Die AutorInnen des Berichts beklagen, dass in der Migrationsforschung bislang zwar einerseits dem individuellen Akteur im Migrationsprozess und andererseits der »ethnic community« im Aufnahmekontext große Beachtung geschenkt wurde, *»... nicht jedoch den familialen und verwandtschaftlichen Beziehungen, die eine Reihe von Eigenschaften aufweisen, die sie in der Migrationssituation zu einer besonderen Form von sozialem Kapital werden lassen.«* (6. Familienbericht, Kapitel IV.5)

Der Fokus auf Familien ist immer zugleich ein Fokus auf Frauen als soziale Akteurinnen. Auch in den Internationalen Gärten Göttingen als einem Integrationsprojekt, das auf der Partizipation von Familien beruht, zeigt sich, dass Frauen die zentralen Figuren der sozialen Praxis der Integration sind.

Die Internationalen Gärten Göttingen bestehen nicht aus einer ethnisch segmentierten Gruppierung, sondern aus der Melange vieler EinzelmigrantInnen.

Insgesamt sind 20 Nationalitäten vertreten. Es vermischen sich jedoch nicht nur unterschiedliche ethnisch-kulturelle Hintergründe, sondern auch verschiedene soziale Milieus, Lebensformen und Altersstufen.

Hier handelt es sich um Akteure, die hochgradig flexibel auf die Situation im Exil reagieren müssen. Sie haben ein spezifisches Interesse daran, neue Vergemeinschaftungsprozesse zu initiieren. Dieses Interesse ist eng verknüpft mit der Einsicht in die Notwendigkeit des Erlernens der deutschen Sprache, weil in den multiethnischen Räumen der Gärten nur über Deutsch sprachliche Gemeinschaft herstellbar ist.

Der Verein Internationale Gärten Göttingen ist geprägt von der spezifischen Situation von Flüchtlingen, die alles verloren haben – nicht nur Hab und Gut, sondern auch soziale Netzwerke und eine Vorstellung von Zugehörigsein. All das wiederherzustellen, den Menschen die Möglichkeit zu geben, sich neu zu verwurzeln – analog zum Verwurzeln von Pflanzen – ist Aufgabe des Integrationsprojekts, das unter anderem deshalb so überzeugend funktioniert, weil es angesiedelt ist an der sozialen Grenze von Herkunfts- und Aufnahmeland sowie von Gegenwart und Vergangenheit. Integration wird hier nicht verstanden als eine Maßnahme der »Abtrennung« der Subjekte von ihrer Herkunft, sondern vielmehr als ein Prozess kontinuierlicher Übergänge in unterschiedliche Richtungen.

Das in der Migrationsforschung zunehmend an Bedeutung gewinnende theoretische Konzept der transkulturellen oder auch transnationalen bzw. transstaatlichen sozialen Räume ist in der Lage, diese Realitäten zu erfassen, die sich quasi zwischen den Räumen formieren (siehe weiter unten in diesem Kapitel).

Das Projekt Internationale Gärten Göttingen e.V. hat sich eindeutig in und zwischen unterschiedlichsten sozialen und kulturellen Räumen positioniert. Ausgangspunkt der Aktivitäten ist die Alltagspraxis, die wiederum an die mitgebrachten Kompetenzen und Stärken der MigrantInnen anknüpft. Die Akteure »erlernen« seit vielen Jahren erfolgreich die Sprache und das Leben in Deutschland über eine Praxis, die jeder einzelnen Biographie Raum lässt und zugleich das vielfältige Erfahrungswissen der Menschen in die gemeinsame Garten- und Bildungsarbeit einfließen lässt, das dann in neuen interkulturellen Kommunikationsformen über die Gärten hinaus Wirkung nach außen entfaltet. Die gemeinsame Arbeit in den Gärten, das öffentliche Zeigen und Praktizieren der Herkunftskulturen beeinflussen dabei sowohl die Eigen- als auch die Fremdwahrnehmung von MigrantInnen im positiven Sinne.

Zugleich geben diese neuen Formen multiethnischer Identitätsbildung Impulse für die Gestaltung zukunftsfähiger Lebensstile. Nicht zuletzt das von einer Gruppe der Internationalen Gärten, die zum Teil aus Analphabetinnen besteht, entwickelte interkulturelle Umweltbildungskonzept »Die grüne Sprache der Völker« zeigt, wie bedeutend die Beiträge aus dem Alltag anderer Kulturen für die hiesige Ökologiedebatte sein können (siehe Kapitel 4).

Gesellschaftlich sonst wenig dominierende Gruppen wie Migranten - und insbesondere die Frauen unter ihnen - fungieren hier als gestaltungsmächtige Stichwortgeberinnen anstatt marginal positioniert zu sein. Die Praxis in den Internationalen Gärten bestätigt damit eine Beobachtung von Corinna Albrecht, die anhand von zahlreichen biographischen und literarischen Belegen aufzeigt, dass *»... Frauen in der Situation erzwungener Fremdheit eine auffallende Bereitschaft und Befähigung zu deren handelnder Bewältigung beweisen und dass mit dieser Bewältigung auf überraschende Weise Freiheitserfahrungen verknüpft sind.«* (Albrecht 1993: 284)

Albrecht stellt allerdings in Frage, ob ihre Annahmen über den Zusammenhang von Fremdheit, Freiheit und Identitätsbildung auch auf den Kontext des gewaltsam erfahrenen Bruchs lebensgeschichtlicher Kontinuität zutreffen, nämlich dort, *»... wo Fremde vom Trauma der Verfolgung, von Entwurzelung und sozialer Deklassierung kaum zu trennen ist.«* (Albrecht 1993: 288)

Diese Frage wird für die Internationalen Gärten beantwortet; eine entscheidende Rolle spielen dabei sicherlich die allgemeinen Asylbedingungen, die es Flüchtlingen ermöglichen oder eben nicht ermöglichen, die Traumata zu bearbeiten und ein geschütztes Experimentierfeld wie die Internationalen Gärten zu nutzen.

Soziale Gegenseitigkeit als Voraussetzung für Integration

Subsistenzorientierte Strategien, auf die die Praxis in den Internationalen Gärten aufbaut, ermöglichen es den MigrantInnen, ihr Leben wieder in die eigenen Hände zu nehmen (siehe auch folgendes Kapitel). Gerade diejenigen unter ihnen, die aus Agrarkulturen stammen, empfinden es häufig als entwürdigend, zu Hause zu sitzen und nicht zum eigenen Lebensunterhalt beitragen zu können. Die Perserin Jamila Alidousti betont die Bedeutung produktiver Tätigkeit für das Selbstwertgefühl einer Person:

»Wir sind arbeitslos. Das ist nicht gut. Besser ist immer, etwas zu tun zu haben. Ich komme aus dem Iran, aus einer guten Familie. Wir hatten vor der Revolution eine große Landwirtschaft. Und hier bin ich jetzt wie ein Empfänger vom Sozialamt. So ist das Leben, manchmal ist es gut für mich, manchmal schlecht. Aber nur weil ich kein Geld habe, möchte ich nicht denken, ich bin nichts wert.«

Dass es Frau Alidousti gelingt, sich über ihre Arbeit in den Internationalen Gärten als wertvoll zu definieren, liegt daran, dass sie aus einem kulturellen Umfeld stammt, in dem wirtschaftliche Tätigkeiten, die der Versorgung und dem unmittelbar Lebensnotwendigen dienen, ganz oben rangieren. Bei westeuropäisch sozialisierten Menschen ist der Eigenwert in der Regel über den Zugang zu einer Erwerbsarbeit bzw. den Rückblick auf eine Erwerbsbiographie definiert. Im Gegensatz dazu gilt vielen Mitgliedern der Internationalen Gärten bereits die Fähigkeit und Möglichkeit, produktiv tätig zu sein, um etwas geben zu können, als wichtiger Faktor des sich selbst als Mensch fühlen Könnens sowie des sich zugehörig Fühlens.

Subsistenzorientierte Ansätze gehen davon aus, dass Erwerbsarbeit in den meisten Fällen ohnehin nicht ausreicht, um ein erfülltes Leben zu führen. Die Forschungsgesellschaft *anstiftung* als Kooperationspartnerin der Internationalen Gärten bemüht sich ebenfalls, soziale Praxen zu stärken, die der Stärkung der Autonomie der Einzelnen dienen. Ausgangspunkt ist dabei nicht primär eine schlechte materielle Versorgungslage, sondern vielmehr ein Zustand, der als »Überversorgung« interpretiert werden kann, eine Überversorgung, die bereits auf innergesellschaftlicher Ebene an diverse Mangelproduktionen gekoppelt ist. So bewirkt die Fremdversorgung über den Markt eine wachsende emotional-kulturelle Unterversorgung mit unterschiedlichen Folgen wie z. B. Kompetenz- und Eigenwertverluste, Entwurzelungs- und soziale Ausgrenzungstendenzen.

Auf MigrantInnen wirkt diese Mangelsituation zusätzlich belastend. Nicht nur, dass ihnen der ambivalente Zustand einer materiellen Überversorgung häufig unbekannt ist – als Zuwanderer aus Welten, in denen soziale Gegenseitigkeit Überlebensstrategie und zugleich Inbegriff von Lebensqualität ist, empfinden sie besonders den Mangel an gegenseitiger Zuwendung im Aufnahmeland Deutschland als bedrückend. Sie haben eine hohe Affinität zu Tätigkeiten, die nicht der Markt nachfragt, sondern das Leben. Frau Abid berichtet von ihrem Leben vor der Flucht:

»In Bagdad war ich immer mit Verwandten, Freunden und Nachbarn zusammen. Wir haben Feste gefeiert, sind in die heiligen Gebiete gefahren, wir waren immer zusammen. Man blieb nie zu Hause. Nach dem Abendbrot waren wir bis elf, zwölf Uhr bei den Nachbarn. Lachen, Essen, Trinken usw. Wir haben über alles geredet. Viele können auch trommeln oder flöten, und wenn ein Fest ist, eine Hochzeit oder eine Geburt, dann kommen alle, stellen die Möbel raus, machen überall Lichter an und es wird gemeinsam gefeiert. Alle zusammen. Bis in den Morgen. Wir sind nicht daran gewöhnt, allein zu sein. Bei uns zu Hause sind wir immer viele.«

Subsistenzorientierte Arbeit ist die vertrauteste Form der Vergemeinschaftung; sie spielt auch eine entscheidende Rolle bei der Entfaltung neuer Formen des Miteinanders. Weil alle mit Vorliebe das anbauen, kochen oder zeigen, was sie von zu Hause kennen, entstehen unter den MigrantInnen in den Gärten selbst Austausch- und Erfahrungsfelder. Frau Abid erklärt:

»Wenn eine was gebacken hat, bringt sie es mit, die andere Tee, die andere Kaffee, selbstgemachte Säfte. Wir tauschen die Rezepte aus. Bei Festen kochen alle ihre eigenen Spezialitäten, alle bringen ihre eigene Musik mit. Wir zeigen uns gegenseitig unsere Tänze, aber auch Samen, Pflanzen, Kräuter und Früchte. Gerade auch von den Bosnierinnen haben wir viel gesehen. Sie haben uns viel gezeigt im Garten, z. B. beim Umgraben, oder wie tief man Bohnen pflanzt.«

In den Gärten experimentieren die MigrantInnen am liebsten mit Saatgut aus ihren Herkunftskulturen. Sie lassen es sich schicken oder mitbringen, reproduzieren es, legen Vorräte an und tauschen es aus. Eine Praxis, die überall auf der Welt verbreitet ist. Saatgut ist Gemeingut, wie Andrea Heistinger (2001: 11) feststellt.

Der Biologe und Kulturpflanzenforscher Thomas Gladis hat im Zusammenhang mit einer Untersuchung von Bonner Migrantengärten festgestellt, dass die Vielfalt der Kulturpflanzen immer schon in einem unmittelbaren Zusammenhang mit der Vielfalt der Kulturen gestanden hat:

»Die Menschen haben Samen und andere Pflanzenteile seit jeher mitgeführt, sei es als Proviant oder als Saatgut. Sie wurden aber auch zwischen Familien getauscht, gehandelt, von emigrierenden Mitgliedern der Gemeinschaft weitergetragen, von Immigranten mitgebracht. Im Ergebnis dieser Prozesse lassen sich neben den Völkerwanderungen auch die Wanderungen der Kulturpflanzen nachvollziehen und in jüngster Zeit sogar mit Jahreszeiten belegen. Bei einigen sehr alten, z. B. den pantropisch verbreiteten Kulturpflanzen Kokosnuß und Kalebasse, kennt man heute nicht einmal mit Sicherheit das jeweilige Ursprungsgebiet. Die Kulturpflanzen gehören somit zum lebenden Kulturgut der gesamten Menschheit.« (Gladis 2002: 251; vgl. auch Inhetveen 1995)

Was Gladis hier für eine globale Ebene beschreibt, findet sich im Mikrokosmos der Internationalen Gärten wieder. Die Projektmitglieder verfügen – wenn auch unfreiwillig und unter oft dramatischen Bedingungen hergestellt – über unterschiedlichste Erfahrungen und Blickwinkel, die sie prädestinieren für eine Rolle als VermittlerInnen zwischen Kulturen. Diese Rolle wird in den Internationalen Gärten noch weiter ausgeformt: Ob die Keimlinge angehen oder nicht, wie die Pflanzen wachsen, was sie benötigen und wie sie später aussehen; all das liefert den Flüchtlingen Informationen über den Boden, auf dem sie jetzt leben und über die Menschen, die hier ansässig sind.

Die Experimente, die die GärtnerInnen mit Pflanzen und Saatgut machen, sind also immer auch soziale Experimente. Wenn es das persische Saatgut nicht schafft, im schweren niedersächsischen Boden zu keimen oder das libanesische Korianderkraut unter der Gießkanne ertrinkt, machen die MigrantInnen interaktive Erfahrungen mit ihrer neuen Heimat - und die deutschen Projektmitglieder können umgekehrt nachvollziehen, warum z. B. in trockenen Regionen so viele Lieder über den Regen existieren. Diese Form der Integration über sozial eingebettete Interaktionen mit Natur greift das Konzept der Internationalen Gärten explizit in seinem interkulturellen Umweltbildungskonzept »Die grüne Sprache der Völker« auf (siehe Kapitel 4).

Die Arbeit in den Gärten besitzt ein kulturübergreifendes, verbindendes Potenzial - nicht zuletzt über die Berührung von so elementaren Dingen wie Erde und Pflanzen. Anknüpfen an den Subsistenzalltag der Herkunftskulturen, das heißt auch, eine Verbindung herstellen zwischen den verlassenen und den neuen Orten. Es ist das vertraute Aussehen der Pflanzen, das der eigenen Geschichte Gestalt verleiht. Wie die Pflanzen, so verwurzeln sich auch die Menschen nach und nach in den Gärten, in Göttingen, in Deutschland.

Eine Gärtnerin erzählt, wie sie bei einem Waldspaziergang in Göttingen ein Kraut entdeckte, von dem sie annahm, dass es nur in Kurdistan wächst:

»Wir haben es probiert, und es war lecker. Das hat sich herumgesprochen. Jetzt rufen mich die Kurden an, und wir gehen alle zusammen in den Wald und suchen nach diesen Kräutern. Sie sammeln dann ganz viel und frieren das Kraut ein, damit sie es auch im Winter essen können.«

Die Kräuter, die in der Wahrnehmung der ExilantInnen eindeutig und exklusiv mit Kurdistan in Verbindung gebracht wurden, im Göttinger Stadtwald zu finden, produziert über das Moment des Erstaunens hinaus eine Möglichkeit, die in spezifische Bedeutungskontexte eingebettete Vorstellung von Heimat neu zu konzeptualisieren. Dort, wo Kräuter wachsen, die vertraute Gefühle wecken, könnte Heimat sein. Vertraute Gefühle transferieren zu können in ein neues Leben, ist Indiz dafür, angekommen zu sein, eine Brücke geschlagen zu haben zwischen dem verlassenen Land und dem neuen.

Der Prozess der Konstruktion von Heimat über die Konstruktion von Landschaft führt dazu, Heimat wieder benennen zu können, das ist in jedem Fall und gerade nach traumatischen Fluchterlebnissen fundamental für das Überleben. »Ohne Heimat ist man wertlos«, sagt Frau Abid. Sie bringt damit auch zum Ausdruck, dass es hilfreich sein kann, Heimat als dynamisches Konzept zu begreifen. Und ebenso wie Heimat könnte auch Integration als ein Prozess von permanenter De- und Rekonstruktion verstanden werden, in dem die Grenzziehungen von »Innen« und »Außen« einem beständigen Aushandlungsprozess ausgesetzt sind.

Soziale Grenzlandschaften als Lebensorte

Der Begriff der Integration impliziert die Vorstellung von einem genau abgrenzbaren »Innen« und »Außen«. Er transportiert eine Vorstellung von »Innen« als begehrenswerter Raum, in den es sich lohnt, jemanden hineinzulassen - und in den »Außenstehende« Einlass erbitten.

Das »Außen« wird imaginiert als sein Gegenpart: ein zerrissener Raum, geprägt durch Unsicherheit, Gewalt und Armut, den es zu verlassen gilt und der aus genau diesem Grunde belegt ist mit Sehnsüchten und Melancholien. Die, die »innen« sind, erheben im Rahmen dieser Konstruktion einen Besitzanspruch auf den begehrten Raum. Dieser Anspruch wird unterstrichen durch die Reklamation von Abstammungs- und Blutrechten, oder von Gewohnheitsrechten, repräsentiert z.B. durch den Pass.

Ist es möglich, »drinnen« zu sein und gleichzeitig »draußen« zu bleiben? In Deutschland zu leben und die »Werte« der Gesellschaft nicht zu teilen - oder wäre das dann »Parallelgesellschaft«?

Parallelgesellschaft ist das, was man in Berlin-Kreuzberg sehen kann, wenn eine türkische Splitterpartei mit Hammer und Sichel auf roten Fahnen am Kottbusser Tor eine Kundgebung veranstaltet. Die wenigen Deutschen, die dort vorbeigehen, verstehen vermutlich kein Wort. Aber verstehen »die Türken«, wovon die Rede ist, wenn ein politisierter Diskurs aus der Türkei in Deutschland fortgesetzt wird? Wissen die deutschstämmigen Kreuzberger etwas darüber, was die türkischstämmigen Kreuzberger verstehen bei einer solchen Kundgebung?

Ist das Parallelgesellschaft? Wenn die Menschen aneinander vorbei leben? Wenn türkische Eltern es nicht für nötig halten, dass sie und ihre Kinder die Sprache des Landes sprechen, in dem sie leben - in Kreuzberg sprechen vier von fünf türkischen Kindern kaum ein Wort Deutsch bei ihrer Einschulung (SPIEGEL 10/2002: 46)? Wenn die Lebensweise der Mehrheit dieses Landes missbilligt wird, weil die Frauen den Männern nicht dienen wollen und die Alten nicht geachtet werden? Wenn die Werte der Herkunftskultur sich nicht widerspiegeln im Straßenbild, in der Inszenierung des Geschlechterverhältnisses, in der Kleidung und in den Umgangsformen? Und es trotzdem kein Zurück gibt? Kann man dann versuchen, diese Gesellschaft zu ignorieren, weil man sie eigentlich missachtet? Und trotzdem mitten drin sein? Tagtäglich? Wie fühlt sich das an, so zu leben? Welcher Deutsche weiß etwas darüber, wie es ist, so zu leben? Und wie viele verschiedene türkische Formen der Gestaltung des Lebens in der Fremde, die in Kreuzberg keine Fremde mehr ist, existieren nebeneinander her? Viele verschiedene Parallelgesellschaften?

Ist Integration das Gegenteil von Parallelgesellschaft? Die jüngere Debatte über die Bundesrepublik als Einwanderungsland zumindest spitzt sich seit geraumer Zeit auf die Polarisierung von Integration *oder* Parallelgesellschaft, Assimilation *oder* Ethnisierung zu. Diskutiert wird vor allem zur wachsenden Bedeutung des Islam; allerdings zeigen Klein-Hessling/Nökel/Werner (1999), dass Islamisierungsprozesse keineswegs zwangsläufig zu kultureller Desintegration und der Errichtung von Parallelgesellschaften führen.

Neuere sozial- und kulturwissenschaftliche Theorien der Postmoderne, die sich mit der Konstruktion und Rekonstruktion von Identitäten in neuen sozialen Räumen sowie mit transnationalen Interaktionen befassen, fokussieren auf Begriffe wie »Schnittstellen« (z. B. von globalen und lokalen Räumen), »Grenzüberschreitungen«, »Verflechtungen« oder »Hybridität«. Von Interesse sind die Zwischenräume, in denen unterschiedliche Zeiten, Orte, Symboliken und Identitäten aufeinander treffen – und in denen Bedeutung und Sinn produziert wird. Diese Begrifflichkeiten, die bereits in sich selbst Uneindeutigkeit repräsentieren, sind in der Lage, Brüche und Übergänge zu erfassen.

Theoretiker der Postmoderne – und hier insbesondere des Postkolonialismus – entwerfen mit diesem begrifflichen Instrumentarium aus unterschiedlichen Perspektiven neue Bilder einer »Welt in Bewegung« jenseits dualistischer Logiken von nationalstaatlicher Verortung. Ulrich Beck hebt die Bedeutung hervor, die eine solche »andere« Sicht auch für Integrationsprozesse haben kann:

»Fremde müssen entweder wie wir *werden, also sich anpassen, oder ausreisen, also dahin zurückkehren, wo sie ›herkommen und hingehören‹. Denn in diesem monolithischen, territorialen Gesellschaftsverständnis hat jeder Fremde eine Rückkehr-Adresse* – seine *Gesellschaft. Auf diese Weise verkümmert, was in Zeiten der Weltgesellschaft, in der zusammenwächst, was nicht zusammengehört, immer wichtiger wird: die kulturelle Fähigkeit zu einem Leben, in dem Fremdes und Eigenes nebeneinander bestehen und sich vermischen, und zwar in der unmittelbaren Umgebung, die Fähigkeit, dauerhaft mit widerspruchsvoller Vielfalt und Andersheit im ›eigenen Haus‹ umzugehen, zusammenzuleben.«* (Beck 1998: 8)

Ein zentraler Impuls sowohl für neue Kulturtheorien als auch für soziale und kulturelle Neupositionierungen zur Beschreibung und Analyse des Phänomens »Weltgesellschaft« sind die weltweit zunehmenden Migrationsbewegungen. Der Kulturhistoriker und Literaturwissenschaftler Homi Bhabha schreibt:

»... die Demographie des neuen Internationalismus besteht aus der Geschichte postkolonialer Migration, ... den großen sozialen Verdrängungen von Bauern- und Ureinwohnergemeinden, der Exilpoetik, der düsteren Prosa von Flüchtlingen aus

politischen und wirtschaftlichen Gründen. In diesem Sinne wird die Grenze zu einem Ort, von wo etwas sein Wesen beginnt*; ...«* (Bhabha 1997: 128)

Die Grenze als einen Ort zu identifizieren, an dem Menschen ihr Leben gestalten – trotz Vertreibungen und Enteignungen – zeigt eine Perspektive auf, die korrespondiert mit dem Interesse von Flüchtlingen, einen neuen Ort zu finden, an dem sie – und auch ihre Herkunft – willkommen sind.

Ein Begriff wie »kulturelle Hybridisierung« kann heute auch als Metapher dafür stehen, dass MigrantInnen mit den Brüchen in ihren fragmentierten Biographien integrierender umzugehen versuchen als dies rückkehrorientierte »Gastarbeiter« früherer Generationen taten. Damit gestalten sie die sozialen Realitäten gerade in den wohlhabenderen Ländern zunehmend offenkundiger mit. Es geht nicht mehr um die Fixpunkte Ankunft und Rückkehr, innerhalb derer die Vergangenheit als »black box« erscheint. Es geht vielmehr um den sozialen Raum zwischen Herkunft und Ankunft. Auswanderung ist in diesem Verständnis kein einmaliger Ortswechsel, sondern ein Kontinuum, in dem beide Realitäten der MigrantInnen Raum finden.

Im Konzept der »transstaatlichen Räume« (Faist 2000) oder der »transnationalen sozialen Räume« (Pries 1998) erhält dieses Kontinuum eine theoretisch-empirische Verortung. Ludger Pries unterstreicht, dass ein Phänomen wie die vielfältigen Pendelwanderungen zwischen USA und Mexiko weder mit dem Assimilations- oder Integrationsbegriff noch mit dem der »Herausbildung neuer ethnischer Minderheiten« angemessen beschrieben werden kann:

»Vielmehr bilden sich neue soziale Wirklichkeiten (Handlungsnormen, Kulturmilieus, Lokalökonomien, soziale Netze etc.) heraus, die die vorherigen sozialen Verflechtungszusammenhänge der Auswanderungsregion wie der Ankunftsregion qualitativ transformieren und sich als neue Sozialräume zwischen und oberhalb *dieser aufspannen.«* (Pries 1998: 63)

Arjun Appadurai (1998) sieht die entstehenden »globalen ethnischen Räume« (ethnoscapes) als Materialisierungen eines neuen Verständnisses von »kultureller Identität». Migranten, Touristen und andere mobile Gruppen prägen überall auf der Welt neue Gemeinschaftsnetze von Wanderungsbewegungen, weil immer mehr Individuen ihre angestammten Räume verlassen wollen oder müssen.

Identitäten werden im Zusammenhang mit der Herausbildung der Weltgesellschaft in jedem Fall uneindeutiger – ein Prozess, der MigrantInnen durchaus zum Vorteil gereichen kann. So verwendet der britisch-karibische Kulturtheoretiker Stuart Hall den Begriff der »Hybridität« als Metapher der Befreiung von postkolonialen Normierungen:

»Mich interessieren Kulturen, die nicht das Produkt einer einheitlichen, organischen Formation sind, und zwar weil ich selbst aus einer solchen Kultur komme. Das Karibische ist ganz typisch eine hybride Kultur, ... eben weil sie keine Ursprünge hat. Die Menschen, die dort lebten, sind von den Spaniern innerhalb von 150 Jahren ausgelöscht worden. Daher gibt es heute keine ›Eingeborenen‹ mehr. Jeder, der dort lebt, kommt gewissermaßen von anderswo her, aus Portugal, aus Frankreich, aus Afrika, aus Indien und so weiter. Die meisten Leute, die in den fünfziger und sechziger Jahren aus der Karibik nach England kamen, dachten, sie hätten ein permanentes Identitätsproblem, da sie aus keiner organischen Kultur stammten ... Im Gegenzug entdecken wir dann, dass auch die englische Kultur niemals eine organische Einheit gewesen war ... Man fragte sich, wann es denn jemals eine einheitliche englische oder spanische Kultur gegeben hätte. Und hier kam die postmoderne Kritik an den großen Metaerzählungen über Einheit, Identität und so weiter gerade recht. Hybridität ist in diesem Zusammenhang die passende Metapher, nicht um zu fragen, warum ein paar lustige Kulturen überlebt haben, sondern ob nicht Kultur allgemein so funktioniert. Schließlich tritt im 20. Jahrhundert immer stärker der Aspekt der Bewegung zwischen verschiedenen Kulturen hervor, von ökonomischen Migrant/innen bis zu Bürgerkriegsflüchtlingen.« (Hall 1999: 105 f.)

Unabhängig davon, welche Ambivalenzen die Theorien der Hybridität selbst produzieren (vgl. zur Kritik Terkessidis 1999, Faist 2000: 376 f., Nederveen-Pieterse 1998: 105 ff.), ermöglichen sie in jedem Fall eine relativierende Sichtweise auf scheinbar eindeutige und statische Realitäten wie den Nationalstaat oder nationale Identitäten, die in ihren historischen Bedingtheiten weniger deterministisch wirken und damit durchlässiger erscheinen. Das erleichtert zugleich neue Formen der Identitätsbildung – man kann von dem ausgehen, was aktuell vorhanden und real ist, nicht von dem, wie etwas zu sein hat – nämlich z. B. über ein Heimatland oder eine ungebrochene Identität verfügen zu müssen. Diese Konstrukte werden vielmehr als gestalt- und veränderbar rezipiert. Genau dieses Phänomen lässt sich auch in den Internationalen Gärten beobachten: Integration findet statt als spezifische Form der Identitätsformation.

Zur Notwendigkeit »hybrider« Integrationskonzepte

Auf die zunehmende Bedeutung der Herausbildung von multiplen und hybriden Identitäten sollte der Staat reagieren und selbst entsprechend »hybride Integrationskonzepte« entwickeln bzw. fördern, die die vielschichtigen und sich gegenseitig überlagernden Prozesse von Geben und Nehmen, von Übernehmen und Umgestalten, von Rezipieren und Interpretieren - und damit von Gestalten von Gesellschaft - berücksichtigen. Stattdessen aber basieren selbst die Integrationskonzepte, die in Europa als »vorbildlich« gelten, nach wie vor auf der eindimensionalen Annahme, die Zuwanderer hätten sich zu assimilieren. Die Erwartung an die »angestammte Bevölkerung« ist ebenfalls reduziert - nämlich darauf, die Präsenz von »Anderen« zu tolerieren.

So geht man beispielsweise in den Niederlanden von einem angeblich »ganzheitlicheren« Verständnis von kulturellen Defiziten aus. Die grundsätzlich richtige Annahme lautet, dass Zuwanderer nicht nur bezüglich der Sprache, sondern auch bei den kulturellen Codes der Gesellschaft Verständnisprobleme haben. Also sind in den Niederlanden seit 1998 alle Zuwanderinnen und Zuwanderer verpflichtet, an einem »Integrationskurs« teilzunehmen. Der Kurs beinhaltet 600 kostenlose Unterrichtsstunden, davon 500 Stunden Sprachkurs und 100 Stunden Orientierung in der niederländischen Kultur und Gesellschaft sowie einem Training in »sozialer und bürgerlicher Kompetenz». In den Niederlanden geht man davon aus, dass der dort institutionalisierte Pluralismus nur funktioniert, wenn »... die Mitglieder der Gesellschaft ihre Grundwerte - Sprache, Nationalität, Identifizierung mit dem Staat und seinen Symbolen - teilen.« (Entzinger 2001).

Die »ganzheitlicheren« Integrationsansätze, die ebenfalls in Schweden erprobt werden und nun auch von der Beauftragten der Bundesregierung für Ausländerfragen in die hiesige Debatte eingebracht wurden, gehen weiter von einem genau definierbaren »Innen« (»die Gesellschaft«) aus, in das die Menschen von »außen« (aus »anderen« Gesellschaften) zu integrieren sind.

Die Ansätze tragen so notwendig paternalistische Züge. Die Ausländerbeauftragte der Bundesregierung schlägt vor, als Grundlage für die Inanspruchnahme von Integrationsmaßnahmen einen »Integrationsvertrag« abzuschließen:

»Mit Vertragsabschluss erhält der Zuwanderer einen Anspruch, innerhalb der ersten drei Jahre nach seiner Einreise einen Sprach- und Informationskurs zu belegen. Des weiteren ist eine individuelle Eingangsberatung vorgesehen. Zur Erhöhung der Attraktivität und Verbindlichkeit des Kursangebots werden Begleitmaßnahmen und Motivationsanreize vorgeschlagen. Neuzuwanderer sollen bei Erteilung der Aufenthaltserlaubnis auf das Integrationsprogramm hingewiesen

werden und so genannte ›Willkommen-Integrationsschecks für Neuzuwanderer‹ (WIN) erhalten. Nach einer ersten Beratung in der zuständigen Kommune soll mit dem Zuwanderer ein Lernplan erstellt werden, der seinem Sprach- und Bildungsstand entspricht. Die Ausgabe von Integrationsschecks für 600 Unterrichtsstunden soll ihm eine zeitlich flexible Inanspruchnahme des Kursangebotes erlauben. Der Bildungsträger und das Arbeitsamt sollen in einer abschließenden Beratung am Ende des Kurses helfen, die persönliche und berufliche Perspektive des Zuwanderers zu entwickeln. Negative Sanktionen bei Nichteinhaltung der Vertragsbedingungen sieht das Modell nicht vor; Lernmotivation und Lernerfolge sollen vielmehr mit aufenthaltsrechtlichen und arbeitsrechtlichen Anreizen unterstützt werden.« (www.bmi.bund.de)

Die Semantik der Erwachsenenpädagogik, die in diesem Konzept bemüht wird, transportiert ein Verhältnis von Lehrer-Schüler oder Behörde-Antragsteller, das zwar mit demokratischen Metaphern (Beratung, Gespräch) unterlegt ist, aber in seinem Bezug auf die »zu Integrierenden« hilflos und eindimensional wirkt.

Hinzu kommt, dass viele ZuwanderInnen aus Ländern stammen, in denen staatliche Behörden keine Beratung anbieten, sondern in aller Regel politische Verfolgung. Der Transfer einer staatlichen Institution in ein anderes kulturelles Bedeutungssystem könnte manchen Misserfolg der Beratung vorprogrammieren. Fragwürdig ist zudem generell, ob man während eines gut gemeinten Beratungsgesprächs in einer deutschen Behörde die persönlichen und beruflichen Zukunftsperspektiven einer senegalesischen Straßenverkäuferin oder eines anatolischen Feldarbeiters »entwickeln« kann. Auf dem Hintergrund welchen gemeinsamen Verständnisses von »Zukunft«, von »Lebensplanung« oder von persönlichen und beruflichen »Wünschen« sollte hier ein Gesprächskonsens, der einer wirklichen Verständigung diente, gefunden werden?

An einen solchen Umgang mit Zuwanderern ist zugleich die Botschaft gekoppelt, die »Mehrheitsgesellschaft« habe von ihnen nichts zu lernen. Der Verlust ist somit ein doppelter: Die ExilantInnen verlieren an Einfluss bezüglich ihrer Lebensgestaltung, und die aufnehmende Gesellschaft verpasst es, Impulse aus anderen Kulturen und Lebensformen zu nutzen. Erste Voraussetzung für einen anderen Umgang mit Migration und MigrantInnen wäre also zunächst ein anderer Blick, oder, wie Elisabeth Bronfen in Anlehnung an Julia Kristeva betont:

»Die Grundhaltung, die die Phänomene moderner Massenmigration und globaler Zeichenzirkulation nahelegen, ist es, nicht so sehr die ›anderen‹, die in ›unserer‹ Mitte auftauchen, als Problem zu betrachten, mit dem besser oder schlechter umzugehen ist, sondern zunächst sich selbst als andere *zu verstehen.«* (Bronfen u.a. 1997: 6)

Sich selbst als andere zu verstehen ist dabei allerdings nicht nur Auftrag für »Berater« und andere Vertreter der aufnehmenden Gesellschaft, sondern auch für die MigrantInnen selbst. Die Akteure der Internationalen Gärten sind es gewohnt, flexibel auf die Situation im Exil reagieren zu müssen. Sich selbst als andere zu verstehen beinhaltet für sie zugleich die Chance, das Eigene im vermeintlich Fremden zu erkennen, eigene Erfahrungen und Gefühlslagen in den jeweils Anderen zu entdecken. Das Andere, das Fremde stellt sich im Kontext der Internationalen Gärten anders dar als aus der Perspektive der Mehrheitsgesellschaft. Auffallend ist in jedem Fall, dass die GärtnerInnen aus unterschiedlichen Ländern, Kulturen, Ethnien und Religionen neben der Fragmentierung ihrer Biographien Gemeinsamkeiten besitzen, die sie aus ihrer Sicht von Deutschen unterscheiden. So eint sie alle der Versuch, dekontextualisiertes lokales Wissen neu zu verorten; primär über das Praktizieren eines auf Gegenseitigkeit beruhenden Austauschs.

Die soziale Praxis in den Internationalen Gärten zeigt, dass es Sinn macht, Integrationskonzepte zu entwickeln, in die die Zuwanderer von Anfang an und als gleichberechtigtes Gegenüber auf der Basis der Entdeckung von gemeinsamen Interessen einbezogen werden können. Der große Erfolg der Sprach- und Alphabetisierungskurse in den Internationalen Gärten resultiert unmittelbar aus einem Integrationsansatz, der die Ressourcen, die die Menschen zum Handeln befähigen, zum Ausgangspunkt nimmt - unter anderem um ein Bild von Deutschland als offenem Land zu vermitteln, dessen Realität mitgestaltet werden kann.

Eine solche Herangehensweise schafft auch die Grundlage für ein wiedererstarkendes Selbstbewusstsein, das nicht auf Ethnizität als ethnische Identitätsbildung in Form der Aufwertung von Sprache oder Traditionen einer spezifischen ethnischen Gruppe beruht, sondern auf dem Versuch, sich selbst und das eigene Leben neu zu verorten und damit Einwanderungsgesellschaft als plurale Gesellschaft zu begründen. Während also Ethnizitätskonstruktionen überall auf der Welt als Reaktion auf Modernisierungsprozesse - nicht als Widerspruch zu ihnen - neue Renaissancen erleben (Schlee/Werner 1996), ist in den Internationalen Gärten eher ein Prozess der Dekonstruktion von Ethnisierungen zu beobachten. Die Menschen versuchen hier über ethnische, sprachliche und kulturelle Grenzen *hinaus* Gemeinsamkeiten zu entdecken und zu kultivieren, die sie als Grenzgänger identifizieren. Das erscheint im gewissen Sinne wie eine authentische Eigenverortung ihres Status als Flüchtlinge.

In diesem Sinne ist Integration als ein Prozess zu verstehen, in dem sich die handelnden Subjekte immer wieder neu finden und erfinden müssen. Dieses Verständnis von Integration entspricht der Vorstellung vom Übergang von einem statischen Zustand in einen dynamischen. Die MigrantInnen greifen dabei zurück auf die sozialen und kulturellen Ressourcen, die sie mitbringen. Das Integrationskonzept der Internationalen Gärten besteht darin, diesen »Schätzen« in Form von Erfahrungswissen, emotionalen Ressourcen, sozialen Kompetenzen und Bedürfnissen einen neuen Ort zu bereiten - und sie aber im Moment ihrer Realisierung selbst einem Veränderungsprozess zu unterziehen. Denn die Ressourcen, die ohnehin neu kontextualisiert werden müssen, treten in Interaktion sowohl mit den Ressourcen von Menschen aus anderen Kulturen als auch mit Diskursen der Aufnahmegesellschaft wie z. B. die Umweltdebatte oder dem Diskurs um das Geschlechterverhältnis und um andere soziale Asymmetrien. Das heißt, das Anknüpfen an das Verlorene oder Zurückgelassene unterliegt im Moment seiner Realisierung selbst einem sozialen Ausdifferenzierungsprozess, der die Form eines Integrationsprozesses annimmt.

Das Spezifische an diesem Prozess ist, dass hier Integration keinen zwanghaft erzeugten Verzicht voraussetzt - und damit der Motivation für die Flucht lediglich Kontinuität verschaffen würde - sondern vielmehr das Bestehende mit dem Verlorenen verknüpft. Damit wird zugleich die Situation des Exils gestaltet und verändert, ebenso wie die soziale Realität der Einwanderungsgesellschaft, die sich in diesem Prozess erst konstituiert.

Der Anknüpfungspunkt der Internationalen Gärten lautet dabei: Erst das Aktivwerden macht Integration und gesellschaftliche wie berufliche Orientierung für Flüchtlinge und Migranten möglich. Wir haben es hier also mit einem Integrationsbegriff zu tun, dem die Innenperspektive von Migranten zugrunde liegt. Von dieser Perspektive aus wird dabei zugleich der gesellschaftliche Prozess der Integration reflektiert und gestaltet. Der womöglich erfolgreichste Weg zur Integration ist, wenn die EinwanderInnen selbst das Aufnahmeland mitgestalten und darüber eine neue Verwurzelung des eigenen Lebens erreichen, ohne dabei jedoch - und das scheint die eigentliche Schwierigkeit zu sein - sich genötigt zu fühlen, ihre unterschiedlichen Identitäten aufzugeben.

Der Überblick über die Aktivitäten der Internationalen Gärten in den letzten Jahren zeigt, wie breit gestreut die Interessen der GärtnerInnen, ihre Fähigkeiten zur Netzwerkbildung und die Außenwirkung ihrer Aktivitäten sind (vgl. erstes Kapitel). Die selbstverständliche Aneignung der neuen Umgebung über das Anknüpfen an bekannte Formen der Vergemeinschaftung - und die Einbeziehung von Deutschen in diese Prozesse - haben eine starke integrative Wirkung.

Projektkoordinator Tassew Shimeles beschreibt diese Wirkung so: *»Wir wollen einen Beitrag zum friedlichen Zusammenleben leisten. Weil Offenheit zu Nachbarn, Stadtteil und Gemeindemitgliedern im Projekt gefördert werden, kann sich ein* *wechselseitiges Integrationsbemühen einheimischer und zugewanderter Bürger entwickeln. Durch den alltäglichen Dialog besteht die Möglichkeit, das Negativbild über Flüchtlinge zu revidieren. Die bewusst gelebte Vielfalt fördert die Bereitschaft, sich auf Neues einzulassen, macht den Einzelnen ... integrationsfähig.«* (Shimeles 2000: 3)

Und umgekehrt: *»Wir holen die Deutschen in die Gärten. Wir gehen auf sie zu. Dem ehrenamtlichen Engagement vor Ort bieten die Internationalen Gärten breite Handlungsmöglichkeiten. Brachliegende Fähigkeiten von Gemeindemitgliedern; Hausfrauen oder alleinstehenden älteren oder auch vereinsamten Menschen werden im Projekt aufgenommen und sinnvoll integriert. Flüchtlingsfamilien nehmen interessierte Menschen in ihre Kommunikationsstrukturen auf.«* (ebd.)

Vorstandsmitglied Hajat Ardjomandi formuliert das so: *»Wir sind wie eine Familie geworden in den Gärten. Die Deutschen sind auch dabei.«*

In der sozialen Praxis der Internationalen Gärten zeigt sich deutlich, dass Selbstbewusstsein, Souveränität und der Stolz auf das Eigene Voraussetzungen sind für Integration. So leisten straffällig gewordene Jugendliche vom Gericht verordnete kurze und längere Arbeitseinsätze in den Internationalen Gärten, die von den Projektmitgliedern ohne Berührungsängste angeleitet werden. Vielmehr werden die Jugendlichen in die aufnehmende Atmosphäre der Gärten einbezogen. Damit möchten die Internationalen GärtnerInnen den deutschen Jugendlichen nach eigenem Bekunden »Bewährungshilfe und die Chance zum Abbau von Vorurteilen« bieten. (Jahresbericht 2000)

Der Versuch, Vorurteile auf Seiten der Deutschen abbauen zu helfen, geht einher mit der Selbstbemächtigung der MigrantInnen. Die Projektmitglieder schaffen sich durch ihre eigenen Ideen und Projekte die Möglichkeit, Wissenschaftler, Journalisten, Vertreter von Stiftungen, Bauern, Ökologen oder Politiker kennenzulernen und sich von ihnen anerkannt zu sehen:

»Die ausländischen Familien, sonst meist isoliert von ihrem deutschen Umfeld, empfinden die Wertschätzung ihrer Persönlichkeit und ihrer Kompetenzen im Projekt als sehr ermutigend und engagieren sich in Projekt- und Gemeindeaktivitäten, den Kulturveranstaltungen im Stadtteil und religiösen Festen. Das konkrete gemeinsame Tun eröffnet allen Beteiligten Wege der Annäherung. Einheimische können Biografien von Flüchtlingen und die Ursachen ihrer Flucht von Mensch zu Mensch erfahren. Die unmittelbare Erfahrung von Fluchtschicksalen lässt Verstehen und Vertrautheit wachsen. Die Anonymität, eine der Ursachen für Fremdenangst, kann so überwunden werden.« (Shimeles 2000: 3)

Die Erfahrung, dass es möglich sein kann, einen Beitrag zur Überwindung von Anonymität zu leisten, schafft eine andere Ausgangsposition für die MigrantInnen, weil sie den Status wechseln können: von Empfängern zu aktiv Gestaltenden. Dabei arbeiten die Internationalen GärtnerInnen mit Eigenbildern, die an den eigenen Stärken ansetzen und auf der Basis einer Kultur der Gastlichkeit (siehe nachfolgendes Kapitel), in die diese veränderten Formen der Eigenwahrnehmung eingebettet sind.

»Wir sind Deutsche, aber keine echten.« Inklusion und Exklusion

Integration bedeutet also keineswegs Assimilation im Sinne des Verschwindens von Unterschieden. Integration bedeutet aber auch nicht, dass die Grenzen, die Unterschiede, so wie sie vor der Begegnung existierten, aufrechterhalten würden oder auch nur werden könnten. Vielmehr sind sie selbst es, die sich verändern, verschieben, und mit ihnen die sozialen Akteure, die entweder an ihnen festhalten oder sie zu ignorieren versuchen.

Der Ethnologe Georg Elwert formuliert folgende These: *»Die Grenzziehung gegenüber Fremden ist Bedingung des Austausches mit den Fremden.«* (Elwert 1993: 154) Und, so könnte man ergänzen, inmitten des Austauschprozesses verändern sich die Bedingungen der Begegnung. Die »Fremden« verändern sich sowohl in der Eigen- als auch in der Fremdwahrnehmung – und die »Einheimischen« mit ihnen.

Die Entstehung neuer Identitäten findet statt als permanenter Aushandlungsprozess an der Schnittstelle von Inklusion und Exklusion. Die Eigenwahrnehmung der »Einheimischen« verändert sich über die Anwesenheit von »Fremden« – ebenso wie die Eigenwahrnehmung der »Fremden«, die über ihre Integration in die Alltagskultur und -dynamik des Aufnahmelandes zu Anderen werden.

Ein Gründungsmitglied der Internationalen Gärten feiert z.B. Weihnachten mit ihrer Familie, obwohl sie Muslime sind. Der Grund: Sie will verhindern, dass sich ihre Tochter in der Schule noch mehr ausgeschlossen fühlt. Obwohl in Deutschland geboren und aufgewachsen, sieht sich die Zwölfjährige ohnehin permanenten Exklusionspraktiken ausgesetzt, die sich in der Zuweisung des Stigmas »nicht richtig deutsch« zu sein, ausdrücken:

»Meine Tochter wird häufig gefragt, woher sie kommt. Sie sagt dann immer, sie ist Deutsche. Aber die Leute fragen dann oft nochmal und nochmal nach: ›Du bist doch dunkel. Woher kommst Du?‹ Und meine Tochter sagt dann: ›Wir sind Deutsche. Aber keine echten.‹ Manchmal kommt sie nach Hause und weint. Besonders

die russischen Mädchen sagen zu ihr: ›Du Schwarze‹. Dann schimpfe ich auf Kurdisch auf Gorbatschov, der die Russen nach Deutschland geschickt hat.« (lacht).

Die Konzession, die dem Mädchen hier aufgenötigt wird, sich entgegen ihrer Eigenwahrnehmung als »nicht echte Deutsche« zu bezeichnen, zeigt, wie stark der Zuordnungszwang zu klar abgrenzbaren Identitäten gerade auch von denjenigen ausgeübt wird, die sich selbst in einem Raum permanenter Verunsicherung befinden, wie z. B. die sogenannten Russlanddeutschen, die sich für »deutsch« halten, jedoch häufig die Sprache schlecht sprechen und von der »angestammten deutschen« Bevölkerung als »Russen« wahrgenommen werden.

Fremdenhass kann also im Sinne von Ulrich Bielefeld (1998) verstanden werden als das nicht Aushalten können von ambivalenten Gefühlen und Identitäten (vgl. auch Gruen 2000). Dem zwölfjährigen Mädchen sind diese Exklusionspraktiken von Kindheit an vertraut, wie ihre Mutter erzählt:

»Damals hatten wir neben unserem allerersten Garten zwei Nachbarn. Die einen waren zu uns so lieb, dass meine Tochter sie ›Oma und Opa‹ genannt hat. Aber die Leute auf der anderen Gartenseite haben uns total abgelehnt. Wir waren ihnen zu laut. Und sie haben immer geschimpft: ›So viele Ausländer!‹ Das war für uns nicht schön. Wir haben immer versucht, mit dieser Familie zurechtzukommen, aber es ging nicht. Die sind zum Rechtsanwalt gegangen. Und sie haben uns nicht mal gegrüßt. Meine Tochter war damals sechs Jahre alt. Und sie hat mich gefragt: ›Mama, warum antwortet die Frau nicht, wenn du Guten Tag sagst?‹. Ich wollte nicht, dass meine Tochter in dem Alter schon mitbekommt, dass uns jemand so schlecht behandelt. Mein Kind ist hier geboren und gehört dieser Gesellschaft an. Da habe ich ihr gesagt, dass die Nachbarin das bestimmt nicht gehört hat. Aber meine Tochter hat es genau gemerkt. Sie sagte: ›Doch, sie hat geguckt. Aber sie will uns nicht begrüßen.‹«

Ob dieser offen feindselige Versuch, das Eigene mit dem Mittel der Exklusion des »Fremden« zu bewahren, dauerhaft funktionieren wird und immer noch, wie Norbert Elias in den fünfziger Jahren analysierte, als eine universell zu beobachtende »Etablierten-Außenseiter-Figuration« (Elias 1990) bezeichnet werden kann, oder ob die ökonomischen und kulturellen Globalisierungsprozesse dazu beitragen, dass sich Differenz gänzlich neu konstituiert, ist eine offene Frage.

So wird im Zusammenhang mit Forschungen an der Universität Bielefeld zur Theorie der Weltgesellschaft, speziell zu Inklusions-/Exklusionsdynamiken in der Weltgesellschaft und zur Soziologie des Fremden (Stichweh 1997) die Frage gestellt, inwieweit die soziale Figur des Fremden im Kontext der Weltgesellschaft überhaupt noch Erkenntnisleistungen erlaubt. Ausgangsthese ist hier, dass die Weltgesellschaft das einzige Gesellschaftssystem ist, das es gegenwärtig auf der Erde noch gibt, was als »historisch neue und singuläre Bedingung« gesehen wird.

In diesem Zusammenhang wird eine »Universalisierung der Fremdheitserfahrung in der Moderne« beobachtet, die wiederum zur Etablierung dritter Möglichkeiten jenseits klassischer Unterscheidungen wie »fremd/vertraut« führe. (www.uni-bielefeld.de/soz/iw/)

Ob diese systemtheoretische Perspektive tatsächlich die Vielfalt der sozialen Prozesse auf der Mikroebene der sozialen Akteure zu erfassen vermag, soll hier jetzt nicht diskutiert werden. Zumindest aber stärkt ein solcher theoretischer Zugang, unabhängig davon, ob das seine Intention ist, die Vorstellung davon, dass Exklusionspraktiken selbst historischen Veränderungsprozessen unterliegen und mit diesem Wissen in ihrer Wirkkraft abgeschwächt werden. Eine Vorstellung, die insbesondere denjenigen, die sich heute mit sozialen Konstruktionen von Fremdem und Eigenem konfrontiert sehen, neue Handlungsmöglichkeiten eröffnen können.

In den Internationalen Gärten Göttingen zeigen sich Dimensionen von »Ausländerwirklichkeit« jenseits von Assimilation oder Verweigerung. Die Kontinuität eigenversorgender Strategien ermöglicht neue Formen der Integration, die sich nicht an »deutschen« Werten und Normen orientieren, sondern die Migration selbst als Ausgangspunkt beibehalten und rekonstruieren, indem den Brüchen von Flucht und Vertreibung die Kontinuität des Wunsches nach Lebensgestaltung gegenüber gestellt wird. Viele MigrantInnen schaffen sich damit Perspektiven für ein neues Leben im Exil. Und trotzdem verschwindet die Sehnsucht nach dem immer präsenten, anderen Aspekt, dem gewaltsam abgebrochenen Teil ihrer Biographie, nicht: *»Wir vermissen unsere Heimat; die Nachbarn, die Freunde, die Bekannten. Wir vermissen unsere Sonne. Wir vermissen unseren Himmel. Klares Wetter, unsere Sterne, wir vermissen alles. Das alles ist Heimat.«*

Fremd sind sich alle in den Gärten, und nah zugleich. Die Internationalen GärtnerInnen verbindet keine gemeinsame Herkunft, keine Familientradition. Was sie verbindet, ist ihre Zerrissenheit und der Wunsch, neue Zusammenhänge für dieses eine Leben zu schaffen. Es existiert keine Dualität von Fremdem und Eigenem, sondern eine Vielfalt von Fremdheiten, die der Versuch eint, sich heimisch zu machen. Hier realisieren sich unerwartete Formen von ethnischer und zugleich nicht-ethnischer Identitätsbildung.

Möglicherweise keimen in den Internationalen Gärten – und eben nicht in Kreuzberg, wo sich die Hoffnungen auf kulturelle Vielfalt längst zerschlagen haben – die ersten Ansätze einer plurikulturellen Gesellschaft: Einer Gesellschaft, die von Frauen getragen ist, deren Essenz die Versorgung der Menschen mit materiellen und sozial-kulturellen Gütern ist und deren Dynamik im Interesse aneinander sowie der Sorge füreinander wurzelt.

Souveränität
als Voraussetzung für Integration

Kultur der Gastlichkeit

*»Wenn mich jemand anruft und etwas von mir braucht,
kann ich nicht einfach nein sagen. Auch wenn ich sehr viel zu tun habe,
ich kann das nicht ablehnen. Bei uns gibt es das nicht.
Das ist unmöglich.«*

Frau Abid

Die Internationalen GärtnerInnen kamen als Gäste nach Deutschland. Die Subsistenzpraxis in den Gärten ermöglicht es ihnen, auch GastgeberInnen zu sein – für Landsleute, für Deutsche und für Menschen aus dritten und vierten Ländern. In den Gärten verfügen sie über Platz, um Freunde zu treffen, sie bringen ihre Kinder mit, laden Gäste ein. Und: Sie produzieren kulturell positiv besetzte und real lebensnotwendige Güter, die sie selbst verwerten oder auch verschenken können. Begleitet man beispielsweise Frau Abid auf einem Gang durch Göttingens Innenstadt, kann es lange dauern, bis man sein Ziel erreicht.

Überall trifft sie Bekannte: Kurden, Araber, Deutsche, Äthiopier, Sri Lankanesen und Kosovaren. Häufig sind ihre Taschen gefüllt mit frisch geernteten Zucchini, Postelein, Korianderkraut oder Pfefferminze. Und wenn sie zu Hause ankommt, hat sie meistens schon die Hälfte ihrer Ernte verschenkt. Frau Abid hat etwas zu geben. Das ist nicht selbstverständlich für eine Migrantin in Deutschland. Aber eigentlich ist es lebensnotwendig.

Auch Frau Omar, 68-jährige Ehefrau eines berühmten kurdischen Widerstandskämpfers, verschenkt gerne ihre Ernte. In Kurdistan hatte sie einen Garten mit vielen Früchten. Alles was sie von zu Hause kennt, versucht sie anzubauen. Immerhin reicht es zu Mangold, Radieschen, zwei Sorten Bohnen, zwei Sorten Zucchini, Petersilie, Dill, Postelein, Spinat, Koriander, Pfefferminze und Sonnenblumen. Ihre Samen bezieht Frau Omar aus Kurdistan, auch wenn die Pflanzen ihre Sehnsucht nach der verlorenen Heimat noch vergrößern. Bevor sie die Internationalen Gärten kennen lernte, hatte sie immer Schokolade für die Nachbarkinder im Haus. Jetzt verschenkt sie Früchte aus dem Garten.

Frau Omar kocht Marmelade, backt Dattelplätzchen und legt Gemüse ein. Alles auf kurdisch, versteht sich. Sie ist stolz, wenn den Leuten ihre Produkte schmecken. Die Geschenke transportieren die Versicherung von Gegenseitigkeit, die Verpflichtung aufeinander. Sie sind einfache Freundlichkeiten, die aber zugleich die Konnotation aus der Herkunftskultur aufrecht erhalten: Kooperation und Zuwendung als emotionale und ökonomische Notwendigkeit.

Auf der einen Seite bringt der biologische Eigenanbau einen ökonomischen Vorteil. Eine Internationale Gärtnerin beschreibt das so:

»Das Gemüse und die Kräuter haben einen großen Nutzen für uns. Wir brauchen für ein Essen mindestens vier oder fünf Bund Kräuter. Wir essen Kräuter wie Gemüse. Und wenn ein Bund einen Euro kostet, ist das schon teuer. Da ist es gut, wenn wir nicht so viel kaufen müssen. Viele von uns haben nur wenig Geld. Außerdem findet man nicht alles, was wir gern essen, auf dem Markt. Außerdem ist das Gemüse aus unserem Garten sicher. Wir benutzen keine Chemie.«

Der ökonomische Nutzen der Arbeit in den Gärten ist unmittelbar gekoppelt an den sozialen. Der Wunsch nach funktionierenden sozialen Zusammenhängen ist als lebensnotwendige Emotion in den Gefühlshaushalt der MigrantInnen eingeschrieben und verlangt auch und gerade im Exil nach Realisierung. »In welchen Momenten sind Sie glücklich?« frage ich Frau Omar. »Wenn ich zwischen den Leuten bin«, lautet ihre unmissverständliche Antwort.

Glücklich sein unter Menschen ist nicht nur ein Bedürfnis, sondern auch eine soziale Kompetenz, auf die sich in den industrialisierten Gesellschaften nicht mehr allzu viele verstehen – obwohl sich die meisten danach sehnen, wie Wilhelm Schmid argumentiert:

»Kalt zu sein, ohne Seele, wird den Menschen der Moderne nachgesagt … Die Kälte wird bei ihm (Adorno, C. M.) zum Grundprinzip der bürgerlichen Subjektivität, zur sinnlichen Erfahrung einer Gesellschaft isolierter und einander gleichgültiger Subjekte, die in ihrer Selbsterhaltung ihren einzigen Lebenszweck finden. Es ist für ihn die Erfahrung der Negativität, und seine einzige Hoffnung ist, dass sie eine andere Idee von Individualität hervortreiben wird, die sich weder in der Absperrung, noch in der Aufhebung des Selbst in der Gemeinschaft erschöpft. Es ist nur eine Idee geblieben. In der Moderne leben die Individuen weiterhin nur für sich selbst und träumen zugleich vom Einssein mit Anderen, mit einem geringeren Anspruch will sich keiner zufrieden geben. Also leben die Menschen enttäuscht, allein mit ihrem Glück, unfähig zum Leben mit Anderen, das immerzu scheitert, da es dem Kriterium des Einsseins nicht genügt.« (Schmid 1998: 23 f.)

Viele Internationale GärtnerInnen versuchen, inmitten des Widerspruchsfelds Moderne die Wertschätzung der sozialen Gegenseitigkeit aufrechtzuerhalten und tragen nicht zuletzt auf diese Weise zur Konstitution von Zivilgesellschaft bei, der ihrerseits angesichts des steten Niedergangs des Sozialstaats eine immer größere Bedeutung zugeschrieben wird.

Robert D. Putnams Studie über das abnehmende Interesse der amerikanischen BürgerInnen an gemeinschaftlichen und gemeinschaftsbildenden Prozessen und Institutionen, die unter dem vielsagenden Titel »Bowling Alone« (Putnam 2000) erschien, zeigt, wie notwendig das Erlernen und beständige Trainieren von sozialer Kompetenz für die Aufrechterhaltung von zivilgesellschaftlichen Strukturen ist. In den USA, so das Ergebnis von Putnams Studie über die Bedeutung von Sozialkapital, ziehen sich immer mehr Menschen in die (mediengesteuerte) Privatsphäre zurück und engagieren sich zunehmend weniger in Vereinen oder für andere soziale Institutionen. Sie kegeln sogar alleine - eine Aktivität, die bislang als prototypisches Gemeinschaftsvergnügen galt.

Putnam macht auf eine folgenreiche Konsequenz für die Gesellschaft aufmerksam: Mit abnehmendem sozialen Engagement steigt nicht nur die individuell erfahrbare Isolation an, es schwindet auch der gesellschaftliche Zusammenhalt generell. Analog zum rückläufigen zivilgesellschaftlichem Engagement der US-BürgerInnen nimmt auch ihr Vertrauen in andere Menschen radikal ab - und um die Gesundheit von Bürgern aus Bundesstaaten mit höherem Sozialkapital ist es deutlich besser bestellt als in solchen mit geringerem bürgerschaftlichem Engagement (ebd.).

Was bedeutet das? Eine Gesellschaft, in der sich die Einzelnen zumindest in Segmenten als bindungslose, autonome Subjekte begreifen, ist in ihrer Legitimität in Frage gestellt. Der Blick auf die vielfältigen sozialen Kompetenzen der EinwanderInnen ist von daher immer auch ein Blick auf die soziale Zukunftsfähigkeit der modernen Gesellschaft, zumal sich das Bedürfnis nach Verortung in überschaubaren sozialen Zusammenhängen sowie nach Ritualisierung von Vergemeinschaftungsprozessen offensichtlich in die nachfolgenden Einwanderergenerationen tradieren konnte. So wird heute eine Tendenz festgestellt, dass Kinder von Einwanderern nicht nur innerhalb ihrer eigenen ethnischen und/oder kulturellen Zusammenhänge heiraten, sondern vermehrt auch binational unter Umgehung der Deutschen; das heißt z.B. eine Griechin heiratet einen Kurden (3SAT, 14.2.2002).

Begründet wird dies von den Betroffenen selbst primär als Reaktion auf diverse gescheiterte Versuche, mit Deutschen Beziehungen einzugehen, die für viele VertreterInnen der dritten und vierten Generation enttäuschend endeten. Beklagt wird hier insbesondere der jungen Deutschen zugeschriebene Hang zur Individualität und zum Egozentrismus. Sie seien »zu wenig herzlich«, »zu wenig spontan«, wollten sich nicht in großfamiliären Zusammenhängen verorten und planten ihr Leben minutiös. (ebd.)

In den Internationalen Gärten wird zwar in der Regel nicht über »kalte Deutsche« lamentiert, zumal die deutschen Vereinsmitglieder diesem Klischee auch nicht unbedingt entsprechen, aber trotzdem kommt es auch hier immer wieder zu Irritationen bezüglich spezifischer Konstellationen und Gefühlslagen in deutschen Familien, wie zum Beispiel dieser Gesprächsausschnitt mit einer Gärtnerin zeigt:

»Hier in Deutschland wollen die Eltern oft, wenn die Kinder 18 Jahre alt sind, dass die Kinder das Haus verlassen. Die Eltern wollen ihre Freiheit. Sie wollen für sich sein. Bei uns ist das ganz anders. Meine Mutter lebt in Schweden, wohin auch meine anderen Geschwister geflüchtet sind. Und wenn ich dort zu Besuch bin, dann holt sie ihre Koffer raus und gibt mir Geschenke. Sie sagt, du bist so weit weg von uns, jetzt kriegst du wenigstens Geschenke. Ich glaube, hier in Deutschland gibt es nicht mehr so viele Familien, in denen man sich so viel sorgt umeinander.«

Die Soziologin Sigrid Nökel hat in ihrer Studie zu »Islam und zweite Migrantengeneration in Deutschland« (Nökel 1996) ähnliche Tendenzen festgestellt. Die von ihr interviewten jungen Vertreterinnen des deutschen Neo-Islam zeigten sich irritiert von den »Formen der Präsentation von individueller Selbstbehauptung und die damit verbundenen Empfindlichkeiten und Strategien« ihrer nicht-muslimischen AltersgenossInnen deutscher Herkunft. Eine ihrer muslimischen Interviewpartnerinnen kommentiert:

»Kaum klappt's nicht, dann sucht jeder gleich seinen eigenen Weg. Das hat halt nicht diese gesellschaftliche Verbindung ... es geht halt nicht mit uns und tschüß ... Es wird weniger nach Lösungen gesucht.« (zit. in: Nökel 1996: 283)

Auf diese individualistische Tendenzen, die zuweilen auf den saloppen Begriff der »Ich-GmbH-Gesellschaft« gebracht werden, reagieren auch die meisten der Internationalen GärtnerInnen befremdet. So ist hier Gastfreundschaft ein zentraler Vergemeinschaftungsprozess; es scheint, als fühlten sich die Akteure der Gärten erst als »ganzer Mensch«, wenn sie gastfreundlich handeln.

Sich in Gegenseitigkeit üben zu können, ist synonym mit sich heimisch fühlen in der Welt. Das ist nur möglich, wenn man etwas zu geben bzw. anzubieten hat: Raum zum Treffen oder Feiern, Lebensmittel, Zeit, Gefühle füreinander. Diese gemeinschaftsstiftenden, materiellen und immateriellen Güter werden in den Gärten im Überfluss produziert.

Auf diesem Hintergrund wird verständlich, warum eine Gärtnerin, die mit ihrer Familie in einer durchschnittlich großen Wohnung mit Balkon lebt, sich gelegentlich fühlt »wie im Käfig«. Es ist die Gemeinschaft der anderen, mit der sie aufgewachsen ist, es sind die Menschen im Hof und auf der Straße, mit denen das Leben unmittelbar geteilt wurde, die ihr im Alltag fehlen. Ritualisierung der Gastlichkeit als soziale Institution des Gebens und Nehmens ist hier konkreter Ausdruck für die Gestaltung des Alltagslebens.

Frau Ardjomandi, Einwanderin vom Persischen Golf, verdeutlicht, dass die Internationalen Gärten aus ihrer Sicht für biographische Kontinuität stehen, weil hier die sozialen Beziehungen eine vergleichbar hohe Priorität geniessen wie in den Herkunftskulturen der GärtnerInnen:

»Es ist erleichternd, in den Garten zu gehen. Du arbeitest, du unterhältst dich, du lachst mit den anderen. Das ist so wie bei uns zu Hause. Zum Beispiel bist du zu Hause und kochst. Und plötzlich kommt Besuch herein. Unangemeldet. Dann machst du eben etwas mehr zu essen. Hier in Deutschland ist das anders. Da fühlt man sich nicht mit dem Herzen aufgenommen. Da wird vielleicht gesagt, ja, komm rein, aber wenn du weg bist, sagen sie, ach, die ist einfach gekommen, die hat wohl nichts zu tun.«

Dabei prägten auch in Deutschland selbstversorgende Zusammenhänge als Pendant zur Fremdversorgung über den Weltmarkt bis in die siebziger Jahre noch viele Regionen. Ein wesentliches Resultat des Modernisierungsprozesses als Individualisierungsprozess bestand in einer Entökonomisierung der Sozialbeziehungen. Das bedeutet, der Beitrag der Einzelnen zu den jeweiligen lokalen Wirtschaftskreisläufen wurde auf ein Minimum reduziert, und die sozialen Akteure verwandelten sich nach und nach von eigenständigen Produzenten in abhängige Gehalts-, Lohn- und Lohnersatzleistungsempfänger und damit in reine Konsumenten (Müller 1998).

So sind z.B. die Landbewohner im Gegensatz zu früher heute ökonomisch nicht mehr aufeinander angewiesen, rückten in der Folge voneinander ab und gerieten zunehmend in anonymisierte, nicht mehr überschau- und kontrollierbare neue Abhängigkeiten – im Wesentlichen vom Weltmarkt. Dabei hatte der Verlust an regional eingebetteter Arbeit einen erheblichen Verlust an lokaler Kultur, dörflicher Öffentlichkeit und intensiver, auf Gegenseitigkeit beruhender Sozialbeziehungen zur Folge (ebd.).

In einer Gesellschaft, in der soziale Beziehungen nicht mehr primär von der Logik und den Erfordernissen der Subsistenzproduktion bestimmt werden, sondern denen der Warenproduktion folgen, dienen sie selbst nur noch mittelbar den Bedürfnissen nach Nähe und Verortung. Vielmehr wird eine Bedürfnisstruktur produziert, die die Menschen zu »Bedürftigen« einer globalen »Zuteilungsökonomie« macht, wie Marianne Gronemeyer (1988) analysiert: Die gegenseitige Abhängigkeit weicht einer ökonomischen Unselbstständigkeit – die zum Leben notwendigen Dinge werden nicht mehr in sozial überschaubaren Zusammenhängen produziert, sondern von anonymen Marktinstanzen erworben.

Interessant ist in diesem Zusammenhang Gronemeyers Unterscheidung von »Eigen-« bzw. »Daseinsmacht« auf der einen und »Belieferungsbedürftigkeit« auf

Früh übt sich, wer ein »Internationaler Gärtner« werden will

der anderen Seite. »Eigenmächtige Menschen essen und trinken, aber sie haben keine Bedürfnisse«; Bedürftigkeit entsteht erst in der warenproduzierenden Gesellschaft, die ihre Mitglieder zu »belieferungsbedürftigen Mängelwesen« degradiert, wie Gronemeyer schreibt:

»... die Menschen werden ihrer Daseinsmächtigkeit *und Selbsterhaltungskompetenz beraubt, d. h. ihrer Fähigkeit, ihr Leben in Gemeinschaft mit andern aus eigenen Kräften zu erhalten und zu gestalten ... Weder können sie sich* nehmen, *was die Natur gewährt, noch können sie herstellen, was sie zum Leben brauchen. Sie müssen es sich* zuteilen *lassen ...«* (Gronemeyer 1988: 31 f.)

Insbesondere ältere Menschen kennen noch die Inhalte von Daseinsmacht und die mit ihr eng verbundene Bedeutung von symbolischem Kapital (Bourdieu 1979). Sie erinnern sich, dass Nehmen untrennbar mit der Bereitschaft zurückzugeben verknüpft ist. Wer also nicht in einen Austausch treten will, lehnt Geschenke von vornherein ab. Diese Erfahrung machen die Göttinger AktivistInnen immer wieder mit deutschen Gartennachbarn.

Die interkulturelle Kommunikation funktioniert keineswegs reibungslos, wie folgende Anekdote aus den Internationalen Gärten belegt: Weil die GärtnerInnen an einem guten Verhältnis zu ihren Grundstücksnachbarn interessiert sind, versuchen sie diese in ihre Aktivitäten einzubeziehen. Sie bemühen sich um Gespräche am Gartenzaun, bieten ihre Hilfe an – und immer auch wieder kleine Geschenke aus der Ernte. Ein älterer Herr lehnte die Offerten über Monate hinweg kategorisch ab. Bis ihm eines Tages eindringlich klar gemacht wird, dass die MigrantInnen seine ablehnende Haltung auf Dauer als grobe Unhöflichkeit empfänden. Das Unglück nimmt seinen Lauf: Wenige Tage später reicht eine Libanesin ihren Korb mit gerade geernteten Lebensmitteln für das Wochenende über den Gartenzaun, um dem Nachbarn einige Möhren anzubieten. Beherzt greift der wohlmeinende Mann zu – und hebt den vollen Korb über den Gartenzaun. Mit offenem Mund verfolgt die Gärtnerin, wie ihre Essensvorräte im Haus des Nachbarn verschwinden ...

Das Ansammeln und Verteilen von sozialem Kapital mit dem Ziel, die gemeinsame Zeit zu gestalten, die eigene Isolation zu vermeiden und auch die anderen nicht allein zu lassen, sind elementare Bestandteile der Vergemeinschaftungsprozesse. Im Geben und Nehmen selbst konstituieren sich die interkulturellen Communities in den Internationalen Gärten als unmittelbare Reaktion auf den Heimatverlust, aber zugleich auch auf die Erfahrungen, die mit der hochindividualisierten deutschen Gesellschaft gemacht werden, in der sich Identität zunehmend auch über technische und soziale Machbarkeitsphantasien oder über den Zugang zu Waren herstellt. Dabei wird durchaus erkannt, dass sich die sozialen Beziehungen der EinwanderInnen sowie das Klima in homogeneren Einwanderergruppen nicht quasi naturwüchsig von vergleichbaren deutschen Zusammenhängen unterscheiden. Frau Ardjomandi schildert die spezifische Atmosphäre in den Gärten:

»Ich kenne viele Leute in Göttingen und habe auch viele Freunde, Deutsche und Nicht-Deutsche. Aber in den Gärten ist es anders. Es ist eine besondere Wärme da. Auch Nicht-Deutsche verändern sich im Lauf der Jahre hier, werden europäischer. Wenn man sich trifft, gibt es auch Neid. Man achtet auf die Kleidung, auf die Autos. In den Garten kann ich kommen, wie ich will. Mit Sandalen, mit einer kaputten Hose, mit einem dreckigen T-Shirt, das stört niemanden. Hier fühlen sich alle frei. Es gibt nicht so eine Konkurrenz.«

Etwas geben zu können, das bedeutet für die MigrantInnen, ihren reduzierten Status als Flüchtlinge verlassen zu können. Vom aktiven Tätigsein abgeschnitten und für ein Leben als EmpfängerInnen von Sozialleistungen vorgesehen zu sein, ist für viele eine Erfahrung erneuter Exklusion. Frauen unterliegen dabei häufig einem doppelten Ausschluss durch soziale Zuschreibungen und reale Gewaltverhältnisse: Ihr Bewegungsradius ist eingeschränkt; ihre Treffpunkte sind nicht die öffentlichen Orte, sondern beengte Wohnungen.

Die Gärten dagegen sind jenseits der kulturspezifischen Vorstellungen von Privatheit und Öffentlichkeit angesiedelt. Hierhin können Frauen gehen, ohne dem »Ehrenkodex« patriarchaler Familienverbände unterworfen zu sein. Eine nicht unerhebliche Zahl von Frauen, speziell aus islamischen Ländern, steht im widerspruchsbesetzten Kontext des Exils in der steten Gefahr, als Garanten der »Tradition« herhalten zu müssen. Dieser patriarchale Zugriff auf das Selbstbestimmungsrecht von Frauen firmiert unter dem Phänomen des »Revivalismus« und materialisiert sich im Extremfall in der Figur des Sittenwächters, der zugleich der Vergewaltiger ist (z. B. die Taliban-Milizen).

Die Internationalen Gärten dagegen bieten Raum, in dem Aushandlungsprozesse stattfinden, die das Geschlechterverhältnis ebenso betreffen wie den Umgang mit Kindern oder die Rezeption von Medien. Projektkoordinator Tassew Shimeles:

»Innerhalb unserer Mitgliedschaft haben sich neue Werthaltungen entwickelt. So erleben wir eine größere Anerkennung der ausländischen Frauen durch ihre Ehemänner und deren Bekanntenkreise. Auch haben viele Projektmitglieder mehr Selbstvertrauen im Umgang mit sozialen und politischen Organisationen gewonnen. Projektvorstellungen bei kirchlichen oder staatlichen Institutionen oder Pressearbeit werden heute von vielen souverän gemeistert, die sich vor Jahren kaum zu artikulieren wagten.« (Shimeles 2001a: 5)

In den Gärten entstehen neue, durch weibliche Verbindungen geknüpfte Netze. Frau Abid erzählt von diesen Wahlverwandtschaften, die einerseits anknüpfen an die »traditionelle« Geschlechtersegregation vieler Herkunftskulturen und andererseits die »postmoderne« Dynamik der Selbstkonstruktion von Biographien zum Ausdruck bringen:

»Früher sagte meine Tochter immer zu mir, Mama, lass uns rausgehen. Und ich sagte, wohin sollen wir gehen? Wenn wir aus der Wohnung rausgehen, sind wir auf der Straße. Wir haben keine Leute, wo wir hingehen können. Jetzt ist es anders. Jetzt haben wir die Gärten und die Leute aus den Gärten. Meine Tochter hat jetzt viele Tanten. Sie nennt die Frauen auch ihre Tanten: Tante Hajat, Tante Jamila, Tante Tamdur. Frau Omar ist für meine Tochter eine Großmutter, sie nennt sie auch so. Sie möchte, dass wir bei Frau Omar übernachten. Und für mich selbst, für mein Gefühl kann ich sagen, das ist ein richtiger Weg für uns. Frau Omar ist für mich genau wie meine Mutter. Ich habe die gleichen Gefühle zu ihr.«

Etwas in der Hand haben: Zur Bedeutung der Subsistenzproduktion

Um aus einer westeuropäischen Perspektive zu verstehen, welchen Stellenwert soziale Vergemeinschaftungsprozesse in nicht westlichen Kulturen haben, ist ein interkultureller Vergleich lohnenswert. Der französische Anthropologe Marcel Mauss hat in seinem Essay über Form und Funktion des Austauschs in sogenannten archaischen Gesellschaften eine Fülle von Beispielen für die kulturelle Einbettung reziproken, also auf Gegenseitigkeit beruhenden Handelns analysiert. Bei den Pygmäen beispielsweise dient Gastfreundschaft zwischen lokalen Gruppen, Besuche, Märkte oder Feste nicht in erster Linie dem materiellen Austausch, sondern der Zelebration der Freundschaft (vgl. Mauss 1990: 50f.). Bei den neuseeländischen Maori ist Ökonomie nicht nur nicht zu trennen von Spiritualität und Naturverbundenheit, sie ist – wie alle Dinge – selbst beseelt. Ein Maori erklärt die Bedeutung des »hau«, des Geistes der Dinge und des Waldes:

»Das hau ist nicht der Wind, der bläst. Ganz und gar nicht. Stellen Sie sich vor, Sie besitzen einen bestimmten Gegenstand (taonga) und geben ihn mir; Sie geben ihn mir ohne festgesetzten Preis. Wir handeln nicht darum. Nun gebe ich diesen Gegenstand einem Dritten, der nach einer gewissen Zeit beschließt, irgend etwas als Zahlung dafür zu geben ..., er schenkt mit irgend etwas (taonga). Und dieses taonga, das er mir gibt, ist der Geist (hau) des taonga, das ich von Ihnen bekommen habe und das ich ihm gegeben habe. Die taonga, die ich für die anderen taonga (die von Ihnen kommen) erhalten habe, muß ich Ihnen zurückgeben. Es wäre nicht recht ... von mir, diese taonga für mich zu behalten, ob sie nun begehrenswert ... oder unangenehm ... sind. Ich muß sie Ihnen geben, denn sie sind ein hau des taonga, das Sie mir gegeben haben. Wenn ich dieses zweite taonga für mich behalten würde, könnte mir Böses daraus entstehen, ganz bestimmt, sogar der Tod. So ist das mit dem hau, dem hau des persönlichen Eigentums, dem hau der taonga, dem hau des Waldes.« (Zit. in Mauss 1990:32)

Hau bedeutet zugleich Wind und Seele, es bedeutet ganz offenkundig auch die Beseelung der ökonomischen Handlungen, der sozialen Beziehungen, die Beseelung der Gegenseitigkeit. Ökonomische Handlungen sind nicht zwangsläufig Vorgänge, die ihres spirituellen Gehalts entleert und auf die Geld- und Warenlogik bzw. auf eine sachliche Überlebenslogik reduzierbar, sondern können Ausdruck der Fülle des Lebens selbst sein.

Das zeigt auch die kulturübergreifende ungeschriebene Regel, die gleichfalls in den Internationalen Gärten befolgt wird, Saatgut unentgeltlich abzugeben, also zu verschenken oder zu tauschen. Dieser Geste des Schenkens liegt dem Kulturpflanzenforscher Thomas Gladis zufolge eine Art Rückgabe-Garantie für den Fall des Verlustes zugrunde. Sie erfolgt,

»... obwohl unausgesprochen, in der absoluten Gewissheit, dass diese Handlungsweise als Grundbedingung menschlichen Zusammenlebens niemals in Frage gestellt werden kann. Vermutlich gilt es daher wohl in allen ›primitiven‹, noch nicht modernen Einflüssen ausgesetzten bäuerlichen Kulturen als Sakrileg, Geld für Saatgut anzunehmen, es zu verkaufen.« (Gladis 2002 : 251 f.)

Werden die Konstrukte »fremd« und »eigen« im Zusammenhang gesehen mit den sozialen Bedingungen der Produktion des Lebens, wird deutlich, dass das Erkennen des Fremden im Eigenen und des Eigenen im Fremden Voraussetzung ist für interkulturelle Kommunikation. Sie kann nicht stattfinden, wenn den Akteuren Souveränität fehlt. Die wiederum setzt Eigenmacht bei der Gestaltung des Lebens voraus. Obwohl das Gefühl von Souveränität kulturell unterschiedlich vermittelt wird, zeigt sich im Fokus auf die lebensnotwendige Arbeit die Bedeutung der materiellen wie auch der sozial-kulturellen Subsistenzproduktion.

Einen Fokus auf die Kategorie der Subsistenzproduktion zu werfen, macht aus mehreren Gründen Sinn. Zum einen stammen die meisten Flüchtlinge aus Kulturen, in denen Subsistenzproduktion aufgrund ihrer gesellschaftlichen Sichtbarkeit einen hohen sozialen Stellenwert hat. Zum anderen basiert die Projektpraxis in den Internationalen Gärten darauf. Damit ist eine Möglichkeit gegeben, auf der Basis einer materiellen Auseinandersetzung mit Natur und anderen SubsistenzproduzentInnen an bekannte Formen des ökonomischen und sozialen Miteinanders anzuknüpfen und biographische Kontinuität herzustellen. Um die Relevanz der Projektpraxis für Integrationsprozesse zu erkennen, ist es unerlässlich, die gesellschaftliche Relevanz der Subsistenzproduktion zu erkennen.

Was also ist Subsistenzproduktion genau? Man kann davon ausgehen, dass es unterschiedlichste Rationalitäten und Realitäten von Ökonomie gibt. Die dominante Warenökonomie mit der ihr eigenen Tendenz, immer mehr Ausdrucksformen des Lebens in Waren zu verwandeln, trägt ihren an den aristotelischen Begriff *oikonomia* angelehnten Namen eigentlich zu Unrecht, denn es ist durchaus nicht ihr Zweck, die Haushalte zu versorgen. Dafür ist eher die Ökonomie *in* der Ökonomie zuständig, all die Tätigkeiten also, die nicht auf Erwerb und Vermehrung von Geld und anderen Waren, sondern auf die unmittelbare Erhaltung und Gestaltung des Lebens selbst bezogen sind: die Subsistenzproduktion (vgl. Werlhof/Mies/Bennholdt-Thomsen 1983).

Der Begriff Subsistenz kommt vom lateinischen subsistere und hat verschiedene Bedeutungen: 1. stillstehen, Halt machen, 2. zurückbleiben, 3. Widerstand leisten. Subsistenz bedeutet durch sich und aus sich selbst heraus bestehen. Subsistenz ist auf den Gebrauchswert funktionierender sozial-ökonomischer Netze gerichtet, und sie ist auch und vor allem eine andere Geisteshaltung (Werlhof). Subsistenzproduktion ist gewissermaßen das Gegenteil von Warenproduktion und gleichzeitig ihr notwendigster Bestandteil: Ohne Subsistenzproduktion keine Warenproduktion, ohne Warenproduktion aber sehr wohl Subsistenzproduktion (Bennholdt-Thomsen). Subsistenzproduktion ist gesellschaftlich notwendige Arbeit, die es auch ermöglicht, außerhalb des Erwerbsarbeitsbereichs Raum zu schaffen, z. B. dafür, ein »als sinnvoll erkanntes Lebens zu führen«, um es mit den Worten des indischen Ökonomie-Nobelpreisträgers Amartya Sen (2000) zu sagen.

Der Ende der siebziger Jahre an der Universität Bielefeld entwickelte Subsistenzansatz war originär durch die Frage bestimmt, welche Bedeutung die Subsistenzproduktion als gebrauchswertorientierte Arbeit für das Funktionieren der kapitalistischen Ökonomie hat. Lohnarbeit galt unangefochten als eigentlich und einzig wertschöpfende Arbeit – einfache Warenproduktion, Kleinhandel, Hausarbeit, die Arbeit der Kleinbauern und der Marginalisierten in den Slums der Städte des Südens wurden dagegen als vernachlässigenswerte, eben »informelle« bzw. »inexistente« Faktoren der Produktion angesehen, die folgerichtig nicht in die volkswirtschaftlichen Gesamtrechnungen eingehen. Es gehörte innerhalb der linearen Modernisierungstheorien »linker« wie »rechter« Provenienz zum Konsens, dass die Subsistenzproduktion im Zuge der fortschreitenden gesellschaftlichen Entwicklung nach und nach überall auf der Welt der Warenproduktion weichen würde. Man ging davon aus, dass sie sich als ein »traditionelles« Element »zurückgebliebener« Gesellschaften im Zuge der Entfaltung der Produktivkräfte, sprich der weltweiten Industrialisierung, von selbst »auflösen« würde.

Im Gegensatz dazu bestand die zentrale Arbeitshypothese der Entwicklungssoziologinnen Claudia von Werlhof, Maria Mies und Veronika Bennholdt-Thomsen darin, dass trotz der zunehmenden Tendenz des Niedergangs eigenständiger regionaler Subsistenz*wirtschaften*, also Gesellschaften oder Gemeinschaften, die primär auf der Versorgung ihrer Mitglieder gerichtet sind, die Subsistenz*produktion* als unverzichtbare Produktion des Lebens keineswegs verschwindet: Sie verändert lediglich ihren Charakter, insofern sie der Warenproduktion untergeordnet wird.

Dies geschieht in den industrialisierten Ländern dadurch, dass Subsistenzproduktion über naturalisierende Zuschreibungen an Frauen delegiert wird und an gesellschaftlicher Wertschätzung verliert, sprich unsichtbar wird. Trotz ihrer relativen Unsichtbarkeit verfügt Subsistenzproduktion über ein bedeutendes Potenzial an gesellschaftlichen Zukunftsperspektiven.

Subsistenzproduktion folgt einer grundlegend anderen Logik als Warenproduktion. Weil sie an der Herstellung und Erhaltung des Lebens orientiert ist, umschließt sie alles, was notwendig ist zum (guten) Leben, nicht nur Güter und Dienstleistungen, auch menschliche Beziehungen und Erfahrungen von Kompetenz und Bezogenheit.

Dennoch hat Subsistenzorientierung nichts mit Altruismus zu tun; auch sie impliziert Aushandlungsprozesse, Tauschbeziehungen, interessegeleitetes Handeln. Selbst der über Geld vermittelte Tausch kann subsistenzorientiert sein, wenn mit ihm die regionalen sozial-kulturellen Bezüge gestärkt werden. Das möchte ich kurz an einem konkreten Beispiel erläutern:

Anfang der neunziger Jahre führte ein Bielefelder Forschungsteam, dem auch ich angehörte, eine empirische Feldstudie in Juchitán durch. Juchitán ist eine Stadt von etwa 80 000 Einwohnerinnen und Einwohnern und liegt im Süden Mexikos. Die Ausgangsfrage des DFG-Forschungsprojekts lautete: Wie ist es möglich, dass die gravierende ökonomische Krise, in der Mexiko seit 1982 steckt und die immer mehr Menschen in bitterste Armut treibt, ausgerechnet in Juchitán so wenig Auswirkungen zeigt? Während 24 Millionen Mexikanerinnen und Mexikaner - das ist ungefähr ein Viertel der Gesamtbevölkerung - unterernährt sind, stellen sich die durchschnittlichen Ernährungsdaten für Juchitán besser dar als für die USA (Bennholdt-Thomsen 1994: 22 f.).

Unsere Hypothese bestand zunächst darin, dass die nationale Krise Juchitán deshalb nicht tangiert, weil die dort lebenden Zapoteken eine lokale und regionale Ökonomie betreiben, die subsistenzorientiert ist, sich also unmittelbar an den Bedürfnissen der Bevölkerung orientiert. Einige Männer des Ortes sind zwar als Lohnarbeiter in den Erdölraffinerien der nahegelegenen Hafenstadt Salina Cruz oder als Saisonarbeiter auf dem Land beschäftigt, aber weder die einzelnen Haushalte noch die Ökonomie insgesamt sind abhängig von den nur sehr schwer berechenbaren Bedingungen der Lohnarbeit. Die Menschen treiben zwar exzessiven Handel, aber trotzdem haben die Schwankungen des nationalen und des Weltmarktes so gut wie keine Auswirkungen auf ihren Lebensstandard.

Sie leben von der Landwirtschaft, der Fischerei, dem Handwerk und dem lokalen und regionalen Kleinhandel. Die geschlechtliche Arbeitsteilung im traditionell ausgerichteten Segment der zapotekischen Gesellschaft besteht darin, dass die Männer Fischer, Bauern oder Handwerker, die Frauen dagegen Kleinhändlerinnen sind. Die Frauen verkaufen die Produkte, die die Männer hergestellt haben. Grundlage des Geschlechterverhältnisses ist also eine ökonomische Kooperation, in der die Frauen über das Geld verfügen.

Mit dem Geld, was die Frauen einnehmen, stärken sie wiederum die lokalen und regionalen Bezüge. In Juchitán existiert eine eigenständige lokale und regionale Warenzirkulation zwischen Produktion, Handel und Konsum - eine Zirkulation, die man als subsistenzorientiert bezeichnen kann. Ein zentrales Prinzip des Handels lautet: Eine Zapotekin kauft möglichst nur bei einer Zapotekin, und am liebsten das, was vor Ort hergestellt wird. Dieses Handlungsmuster hat unter anderem zur Folge, dass sich der lokale Markt dem nationalen und internationalen Warenangebot lediglich in sehr reduzierter Weise öffnet.

Auch die Händlerinnen, die nur eisgekühltes Melonenwasser auf dem Markt anbieten, verfügen über ein gesichertes Einkommen. Diese Form der internen Umverteilung über den Markt funktioniert so lange, wie die Wasserverkäuferin zumindest einen Teil ihres verdienten Geldes auch wieder direkt in die Geldzirkulation einfließen lässt, nämlich zum Beispiel dadurch, dass sie ihr Mittagessen bei einer der Marktköchinnen einnimmt. Die Köchin wiederum kauft ihre Rohstoffe bei der Gemüsehändlerin, und die investiert ihre Überschüsse in ein goldenes Armband, das sie ebenfalls auf dem Markt ersteht. Alle sind von allen abhängig, dafür ist aber niemand abstrakten Ökonomie-Gesetzen oder unkontrollierbaren Schwankungen des Weltmarktes ausgesetzt.

Gegenseitigkeit bedeutet hier, dass alle ökonomischen Handlungen in einem unmittelbaren Bezug stehen zu den ökonomischen Handlungen der anderen Gesellschaftsmitglieder. Somit sind auch die über Geld vermittelten Tauschhandlungen immer Teil der sozialen Beziehungen. Gekauft wird bei den Menschen, denen man sozial und ökonomisch verpflichtet ist, entweder weil diese eigene KundInnen sind oder man über einen anderen Kontext in deren Schuld steht. Der Tausch bedroht die sozialen Beziehungen also nicht, sondern er ist Teil von ihnen. Dies ist unter anderem deswegen möglich, weil dem Geld bzw. seinem Besitz kein abstrakter Wert zugesprochen wird, sondern weil es den sozialen Verhältnissen als Tauschmittel immer untergeordnet bleibt:

»Wenn die Händlerin ihre Kundin nicht bezahlen läßt, dann weiß diese, daß eine Gabe oder Dienstleistung von ihrer Seite ausgeglichen werden soll oder auch, daß etwas Derartiges von ihr demnächst erwartet wird.« (Bennholdt-Thomsen 1994: 40)

Obwohl das ökonomische Handeln an der Gemeinschaft ausgerichtet ist und nicht an der individuellen Gewinnmaximierung, die als solche verpönt ist in Juchitán, verfolgen die Menschen durchaus ihr Eigeninteresse. Die regionale Ökonomie ist jedoch wegen der engmaschigen Verflechtungen so strukturiert, dass Eigeninteresse und Gemeinschaftsinteresse in der Regel nicht auseinander klaffen. Die Subsistenzproduktion ist nicht von der Marktproduktion getrennt (Holzer 1996). Die einer »Moral Economy« entsprechende ökonomische Rationalität setzt jedoch keine explizit moralischen Standards voraus, sondern eher eine Verpflichtung auf kulturelle Normen, die ihrerseits wiederum die regionale Ökonomie stärken.

Dieser Zusammenhang kann am Beispiel einer zapotekischen Früchtehändlerin verdeutlicht werden, die ein Angebot zur Unternehmensgründung von einem Vertreter einer staatlichen Entwicklungsbehörde erhält. Man beabsichtige, eingelegte Früchte, die als regionale Spezialität gelten, international zu vermarkten. Die Händlerin solle als anerkannte Expertin an diesem Unternehmen führend mitwirken, indem sie andere Frauen anleite und die Organisation der Produktion übernehme. Vermarktung und Abrechnung würden jedoch von einem Geschäftsführer übernommen. Ein verlockendes Angebot für die Juchiteca? Mitnichten.

»1. Eine derartige Produktion wäre für sie persönlich nicht mehr überschaubar, zu groß. 2. Sie ziehe es vor, selbst zu verkaufen und ihr Geld unmittelbar am Abend in der Hand zu haben. In dem geplanten Unternehmen solle erst am Schluß abgerechnet werden. Was, wenn der Verkauf nicht klappt? Was, wenn zu niedrigem Preis verkauft werden müsse? 3. Warum solle sie ihr Wissen unentgeltlich an andere weitergeben? Immerhin sei es ein Geheimnis. Alles nur in Erwartung des großen Gewinns? Daran glaube sie nicht. 4. Aber selbst wenn es klappen sollte, dann könne sie nicht mehr über ihre Zeit bestimmen. Was, wenn sie auf ein Fest gehen wolle? Sie habe doch so viele soziale Verpflichtungen. Fazit: Nein, das Unternehmen brächte ihr zu viel Unsicherheit. Außerdem habe sie genug zum Leben.« (zit. in Bennholdt-Thomsen 1994: 42)

Zentraler Bestandteil der ökonomischen Rationalität dieser erfolgreichen Früchtehändlerin ist die Orientierung am »guten Leben«, dem Lebensstilbegriff der alten Griechen, der heute in der Nachhaltigkeitsforschung eine Renaissance erfährt. Das gute Leben für die Früchtehändlerin besteht in einer Sinn produzierenden Existenz, eingebettet in starke soziale Bezüge, deren Sinnhaftigkeit permanent neu ritualisiert und bestätigt wird. Im Alltag, oder eben auf einem der 600 großen Feste, die in Juchitán alljährlich gefeiert werden.

In zahlreichen Gesellschaften mit einer ausgeprägten Subsistenzkultur werden Verdienst- oder Prestigefeste gefeiert, die die ökonomische Umverteilung und die gegenseitige Verpflichtung aufeinander im öffentlichen Raum darstellen und somit immer wieder neu gewährleisten (Mauss 1990).

Feste garantieren eine ständige Umverteilung des materiellen und sozialen Reichtums. Von denjenigen, die reicher sind als die große Mehrheit der Zapoteken, wird erwartet, dass sie an vielen Festen teilnehmen und somit durch das Prinzip der Kooperation - jeder Gast beteiligt sich durch eine Geldspende bzw. einen Kasten Bier an den Ausgaben - zur Aufrechterhaltung der Festkultur beitragen. Gleichzeitig wird erwartet, dass gerade wohlhabende Mitglieder der Gesellschaft selbst möglichst viele und möglichst aufwändige Feste veranstalten. Entziehen sie sich dieser Erwartung, sind sie schlecht angesehen. Den höchsten sozialen Status genießen nicht die, die ihre Überschüsse akkumulieren oder für den individuellen Bedarf ausgeben, sondern die, die sich in der Ausrichtung von teuren Festen ruinieren. Juchitans Prestigeökonomie trägt dazu bei, die sozialen Unterschiede zwischen den Gesellschaftsmitgliedern auszudrücken, sie gleichzeitig jedoch kontinuierlich abzuschwächen.

In der regionalen Ökonomie Juchitans geht die Subsistenzorientierung mit der starken ökonomischen und sozialen Position von Frauen Hand in Hand. In den Internationalen Gärten Göttingen zeigt sich, dass die Identitäten der Menschen nur verstehbar sind, wenn man ihr Bedürfnis nach einer komplexen Wiederverortung in versorgungsorientierte Zusammenhänge erkennt. Mit einer solchen Fokussierung auf Nahräume und Versorgungsaspekte erfahren die Tätigkeiten von Frauen eine kulturelle Aufwertung, denn die Ritualisierung von Gemeinschaft - zusammen essen, trinken, arbeiten und feiern - wird prioritär von Frauen gestaltet.

Die Stärke der Frauen in den Göttinger Gärten spiegelt sich in den kulturell hoch geschätzten Gütern, die nicht auf der Waren-, sondern auf der Subsistenzproduktion beruhen und die sich im Exil nicht mehr quasi »von selbst«, nämlich durch die häufig unsichtbare Arbeit der Frauen, herstellen, sondern immer wieder neu erkämpft werden müssen. In den Internationalen Gärten machen Frauen aller sozialen Schichten die Erfahrung, dass Subsistenzarbeit einen hohen Stellenwert besitzt und dass sie diejenigen sind, die die von allen so sehr geschätzte und im Exil oftmals schmerzlich vermisste soziale Praxis der Gegenseitigkeit aufrechterhalten und gestalten. Damit gibt ihnen der soziale Kontext der Internationalen Gärten Gestaltungsmacht und verleiht zugleich der Subsistenzproduktion und ihren Protagonistinnen gesellschaftliche Relevanz.

Der versorgungsorientierte Zusammenhang in den Internationalen Gärten ist ein frauenzentrierter Zusammenhang aus dem einfachen Grund, weil die gesellschaftlich dominante Arbeitsteilung zwischen den Geschlechtern Frauen diese Aufgaben zuweist. Das bedeutet nicht automatisch, dass es nicht zukunftsträchtig sein könnte, auch die Männer verstärkt in die Versorgungsarbeit einzubeziehen. Im Gegenteil: In den Internationalen Gärten können auch Männer lernen, versorgungsorientiert zu handeln und dafür Wertschätzung zu erfahren. Andererseits wiederum kann auch die Erwerbsarbeit von Männern durchaus positive Effekte für ihre Ehefrauen haben. Projektkoordinator Tassew Shimeles:

»Es kommen immer wieder Frauen zu mir und sagen: ›Kannst du meinem Mann keine Arbeit besorgen?‹ Der beste Dienst an den Frauen ist, wenn die Männer Arbeit haben und aus dem Haus gehen. Wenn Männer Arbeit haben, werden sie auch in ihren Ansichten liberaler. Frauen sind im Exil leichter zu kontrollieren.«

Die leichtere Kontrollierbarkeit von Frauen erklärt sich unter anderem dadurch, dass ihnen im Exil die weiblichen Netzwerke fehlen, in deren Kontext sie sich gestaltungssicher und frei bewegen können – ob mit oder ohne Schleier. Die soziale Praxis in den Gärten bietet die Möglichkeit der Re-Organisation von Frauen-Netzwerken und damit eine nicht zu unterschätzende Ausweitung von weiblichen Handlungsspielräumen.

Die subjektive Wahrnehmung von erweiterten Handlungsspielräumen ist zugleich eine wichtige Voraussetzung dafür, das Geschlechterverhältnis neu auszuhandeln. Sich in der Öffentlichkeit und in den Familien neu zu positionieren bedeutet für viele Frauen eine echte Perspektive, die zugleich einen nicht zu unterschätzenden Beitrag zur Integration darstellt.

Sich verwurzeln wie die Pflanzen: Die heilende Wirkung sozial eingebetteter Interaktionen mit Natur

Wenn die Frauen in den Internationalen Gärten die Geschichte ihrer Flucht erzählen, schießen ihnen schnell Tränen in die Augen: Tote Angehörige mussten in den Bergen zwischen Irak und Iran zurückgelassen werden, gefolterte Freunde gelten bis heute als vermisst, das Abschiednehmen von sterbenden Eltern wurde durch Einreiseverbote verhindert. Die Traumata, die Flucht und Vertreibung verursacht haben, verwandeln sich insbesondere bei sozial isolierten Frauen in Gespenster des Alltags. Immer wieder tauchen in der Erinnerung die schwer bewaffneten Männer vom Geheimdienst auf, die in Kurdistan-Irak täglich in die Häuser eindrangen, um die Anzahl der Bewohner zu kontrollieren. Familienangehörige wurden auf Nimmerwiedersehen verschleppt. Die Angst war überall präsent und hinterlässt auch noch nach Jahren im Exil ihre Spuren. Frau Abid, Gründungsmitglied der Internationalen Gärten, ist von der heilenden Wirkung der Gärten überzeugt:

»Wenn ich im Sommer abends nach Hause komme, dann bin ich oft kaputt. Dann koche ich meinen Tee und gehe in den Garten. Manchmal sitze ich nur da und schaue mir die Pflanzen an. Manchmal weine ich. Manchmal singe ich. Der Garten ist nicht nur für Gemüse und Kräuter. Er ist auch gut für unsere Seele. Wenn ich immer nur zu Hause bleibe, fühle ich mich krank. Dann tut mein Rücken weh, und ich weiß nicht, warum. Psycho vielleicht. Bei uns zu Hause gab es solche Gefühle nicht. Das kannten wir nicht. Ich könnte heute nicht mehr ohne den Garten leben. Er ist ein Teil von mir geworden. Im Garten bin ich einfach da. Häufig werden wir gefragt auf der Straße: ›Woher kommen Sie?‹ Wir werden so oft in Frage gestellt. Das

Gespräche im Garten

ist manchmal hart. Früher habe ich in solchen Situationen gedacht, für mich ist das hier kein Leben. Es ist ein totes Leben. Das bedeutet, ich esse, ich trinke, und ich schlafe. Mehr nicht. Es ist ein Leben ohne Bedeutung. Nur wenn man bekannt ist, und wenn man etwas tun kann, dann fühlt man sich als Mensch. Und das ist im Garten möglich. Die Ruhe, das Grüne, die Pflanzen, die wachsen. All das macht mich wieder wach.«

Die Wirkung der Gärten auf seelische Prozesse, die Frau Abid hier beschreibt, wird von neueren Forschungsergebnissen aus den USA im Bereich »Horticultural Therapy« bestätigt. Eine kürzlich durchgeführte Untersuchung in einem Krankenhaus in Pennsylvania kam zu dem Ergebnis, dass bei Kranken, die von ihrem Bett aus ins Grüne schauen, die Klinikaufenthaltsdauer und der Bedarf an Schmerzmitteln signifikant geringer waren als bei der Vergleichsgruppe (Kemna 2002: 287; vgl. auch Schmidbauer 2000).

»Das Besondere der Gartenbautherapie im Vergleich zu anderen Therapieformen ist, dass man sich mit dem ›Lebendigen‹ beschäftigt ... Gartenarbeit ... ermöglicht, den ›Boden unter den Füssen wiederzufinden‹ (Neuberger). Die Arbeit bietet die Möglichkeit, sich mit einer kontinuierlichen Wirklichkeit, mit direkt erfahrbarer Ursache und Wirkung auseinanderzusetzen und das eigene Handeln als einflußreich zu erleben. Geleistete, aber auch unterlassene Handlungen werden mittelfristig erkennbare Folgen zeigen. Die Arbeit im Garten gibt, eingebettet im Jahresrhythmus, einen klaren Rahmen vor, wann gesät, wann gepflanzt und wann geerntet wird. Diese vorgegebene äußere Struktur kann emotional labilen Menschen einen Halt geben und helfen, die innere Struktur zu stärken. Der Patient erlebt, dass dem Wechsel von Wachsen, Blühen und Vergehen der Pflanzenwelt

eine beständige Wiederkehr und somit eine gewisse Stabilität zugrunde liegt.« (Kemna 2002: 288f.)

Das Erfahren von Kontinuität ist insbesondere für die fragmentierten Biographien der Flüchtlinge ein zentraler Stabilisierungsfaktor. Tassew Shimeles hat in seiner mehrjährigen Projektpraxis beobachten können, dass die Begeisterung am lange entbehrten Umgang mit der Erde sowie die Neugier auf unbekannte Pflanzen aus anderen Erdteilen die Freisetzung verschütteter Energien auslösen und das Trauma des Exils lindern können.

Aus der Sicht der Akteure des Vereins Internationale Gärten wird die Lebenssituation der Flüchtlinge durch folgende Charakteristika zusätzlich verschärft (vgl. Shimeles 2000):

- Die wachsende Ausgrenzung der Flüchtlingsfamilien führt zu Entmutigung und gesellschaftlichem Rückzug.
- Für Flüchtlinge, insbesondere die älteren unter ihnen, gibt es wenig Berufsperspektiven, da ihre Qualifikationsprofile den hiesigen Anforderungen nicht entsprechen. Das führt häufig zu sozialer Isolation.
- Flüchtlinge sind oft zu Hilfsempfängern degradiert. Ihre Kenntnisse und Fähigkeiten werden nicht als Ressource wahrgenommen.
- Für die aktive Teilnahme von Flüchtlingen in Institutionen und Initiativen existieren keine Konzepte – Projekte werden für Flüchtlinge geplant und durchgeführt, ohne deren aktive Teilnahme und Berücksichtigung ihrer Kompetenzen.
- Das Blockdenken in Inländer und Ausländer nimmt nicht die Dynamik der vor Ort entstehenden Migrantenkulturen auf. Auch bereits seit langem in Deutschland oder Europa lebende Familien werden im Alltag immer wieder auf ihren Herkunftskontext reduziert. Dies führt unter anderem dazu, dass das Spannungsfeld von Inländern und Ausländern aufrechterhalten wird.
- Die soziale Integration von Flüchtlingsfamilien wird durch ihre Ghettoisierung in bestimmten Stadtteilen erschwert.
- Flüchtlinge aus unterschiedlichen Kulturen sind oft selbst mit starken Vorurteilen gegeneinander behaftet. Die Gewaltbereitschaft unter verschiedenen Flüchtlingsgruppen nimmt zu.

Die tagtägliche Konstruktion der nicht dem Klischee vom »echten Deutschen« entsprechenden Menschen als »Fremde« reproduziert und verstärkt oftmals die Ängste, die die biographische Ausnahmesituation der Flucht hervorgerufen hat. Die Gärten ermöglichen ein Heraustragen und damit »Sozialisieren« der lähmenden Angst, der Sehnsucht nach dem Verlorenen und des als privat empfundenen

Leids in den öffentlichen Raum, der sich auch auf diese Weise neu konstituiert. Frau Ardjomandi berichtet über die tröstende Wirkung der Gärten:

»Manchmal sitze ich zu Hause und höre persische Musik. Dann denke ich an früher, wie es war in meiner Heimat mit meiner Mutter, mit meiner Schwester. Dann werde ich traurig und weine. Wenn ich dann aber in den Garten gehe, komme ich meist schnell auf andere Gedanken. Manchmal ist der Garten eben ein Trost.«

Die MigrantInnen in den Gärten sind sich darüber bewusst, dass die Vergangenheit, wie sie sie in Erinnerung haben, immer die rekonstruierte Vergangenheit vor dem gewaltsam herbeigeführten Bruch ist. Gabriele Rosenthal verweist darauf, dass die Flucht als biographischer Wendepunkt eine Reinterpretation der Vergangenheit bewirken kann und dass erlebte und erzählte Lebensgeschichte in einem wechselseitig sich konstituierenden Verhältnis stehen (Rosenthal 1995: 20; 143).

Wichtig ist eben nicht in erster Linie, ob das, was erinnert wird, mit der »Wirklichkeit« übereinstimmt, sondern wie es mit dem, was heute die Realität der MigrantInnen bestimmt, verknüpft werden kann. Dabei sind es genau diese vielfältigen Formen der Rekonstruktion von Lebensgeschichte, die die positiven Wirkungen der Projektpraxis der Internationalen Gärten ausmachen. Für viele Flüchtlinge bedeutet der Eintritt in die Internationalen Gärten einen biographischen Wendepunkt. Frau Alidousti bestätigt diese Einschätzung:

»Viele Frauen sind isoliert, sitzen allein zu Hause. Sie weinen viel. Wenn sie Mitglied in den Gärten werden, wird es oft anders. Gerade haben wir wieder ein neues Mitglied. Die Frau sagte zu mir, ich bin allein zu Haus, was kann ich machen mit meiner Zeit? Dann habe ich gesagt, komm in die Internationalen Gärten, da kannst du deine Zeit verbrauchen.«

Die Zeit verbrauchen, das bedeutet nicht, sie totschlagen oder vorbeirauschen zu lassen. Zeit mit anderen Menschen zu verbringen wird vielmehr als elementar sinnbehaftetes Tun wahrgenommen. Wichtig im alltäglichen Umgang miteinander ist es, eine möglichst zuversichtliche Ausstrahlung zu haben, um sich und die Gruppe zu stärken.

Das schließt nicht aus, dass auch Tränen fließen, wenn Erinnerungen hochkommen. Aber der Wunsch ist stark, die Gemeinschaft, die einzige, die geblieben ist bzw. wiederhergestellt werden konnte, aufrechtzuerhalten. Gemeinschaft ist Lebensinhalt. Für sie etwas zu tun, ermöglicht die Wiederherstellung unterschiedlicher Formen sinnbehafteter Handlungskontexte.

Sinnstiftende produktive Tätigkeiten werden in der Literatur bereits seit längerem in ihrem intrinsischen Wert gewürdigt und als wesentlicher Bestandteil des »guten Lebens« selbst gesehen. So zeigen die Forschungen des US-ungarischen Psychologen

Csikszentmihalyi (1997), dass die Glücks- und Erfüllungsmomente – Csikszentmihalyi nennt sie »Flow-Erlebnisse« – sehr viel weniger als angenommen im Freizeit- und Konsumbereich, sondern primär während produktiver bzw. kreativer Tätigkeiten auftreten, die durchaus anstrengend, langwierig und schweißtreibend verlaufen können.

Die Orientierung am Sinn wiederum, so lautet ein zentrales Ergebnis der Salutogenese-Forschung, hat gesundheitsfördernde Wirkungen. Der Salutogenese-Ansatz begreift Gesundheit als ein komplexes Ineinandergreifen sozialer, physischer, kultureller und psychischer Faktoren. Die Ausgangsfrage lautet nicht: Was macht einen Menschen krank – sondern vielmehr, was hält ihn gesund. Der Gesundheitsforscher und Medizinsoziologe Aaron Antonovsky (1987) fand heraus, dass Menschen mit einem hohen – wie er sagt – allgemeinen dynamischen Vertrauen in sich und die Umwelt wesentlich widerstandsfähiger – und damit gesünder – sind als jene, die das Vertrauen nicht haben.

Antonovsky nannte dieses Gefühl »sense of coherence«, zu deutsch Kohärenzgefühl. Ein hohes Kohärenzgefühl wird als eine »dispositionelle personale Bewältigungsressource« betrachtet und macht in Kombination mit anderen »generalisierten Widerstandsquellen« wie materieller Wohlstand, Wissen, Intelligenz, Ich-Identität, Flexibilität oder soziale Unterstützung Menschen widerstandsfähiger gegenüber Stressoren, also krankheitsauslösende Faktoren. Ein ausgeprägtes Kohärenzgefühl soll auch vor dem Auftreten stressbedingter Krankheiten schützen, da es das Individuum befähigt, Ressourcen zu mobilisieren, um Belastungen und traumatischen Erlebnissen besser begegnen zu können (vgl. Lexikon der Gesundheitspsychologie, Göttingen 2002).

Das Kohärenzgefühl ist abhängig von der subjektiven Einschätzung, dass die Rahmenbedingungen und Handlungsmöglichkeiten des eigenen Lebens einigermaßen sinnbehaftet, versteh- und überschaubar sowie beeinflussbar sind (Antonovsky 1987).

Sinnhaftigkeit des eigenen Tuns, *Überschaubarkeit* der Lebens- und Arbeitsbedingungen und das Wissen um die *Beeinflussbarkeit* der materiellen und sozialen Gegebenheiten sind allesamt gebunden an die Nah-Räume als Erlebens- und Gestaltungsräume – und in diesem Sinne kann die Subsistenzpraxis in den Internationalen Gärten in der Tat als eine Art Gesundheitsförderung betrachtet werden. Sie offeriert nicht nur die heilende Wirkung eines »grünen Umfeldes« und befriedigende Tätigkeitsfelder, sondern sie richtet in einer spezifischen Weise den Fokus auf die subjektiven Potenziale und Ressourcen, die sich die Menschen vor der Flucht angeeignet haben. Mit deren Hilfe können sie heute den vielfachen Belastungen des Exils begegnen, wenn sie einen Kontext schaffen, diese Ressourcen wieder zu mobilisieren – einen Kontext wie den der Internationalen Gärten.

»Die grüne Sprache der Völker«: Das interkulturelle Umweltbildungskonzept der Internationalen Gärten

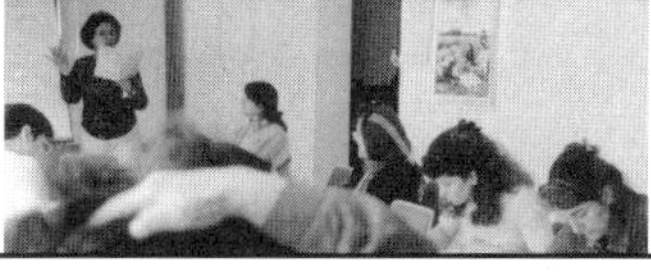

»Bei uns zu Hause war alles bio, alles frisch. Hier leider nein. Hier ist viel Gift im Essen. In Bagdad ist überall Markt, und jeden Morgen kommen die Sachen frisch. Die Hühner leben noch auf dem Markt. Hier ist bio sehr teuer. Das kann ich nicht bezahlen. Wenn meine Eltern früher Brot gekauft haben, haben sie erst die Weizensorte ausgesucht, und wenn es nicht geschmeckt hat, haben wir das Brot zurück gegeben und neues bekommen. Manche Deutsche denken, wir haben arm gelebt, aber wir haben nicht arm gelebt. Hier leben wir arm. Wir können uns gutes Essen nicht leisten.«

Gutes Essen, das heißt für Frau Abid einen Zugang haben zu frischen, wenig verarbeiteten Lebensmitteln aus nicht industrialisierter Landwirtschaft. Für viele MigrantInnen stellen sie eine der raren Kontinuitäten in ihren fragmentierten Biographien dar und sind damit zentrale Voraussetzung für ein akzeptables Leben im Exil.

Zugleich ist ein solcher, unmittelbar an Lebensgeschichte geknüpfter Zugang zu hochwertigen Lebensmitteln ein wichtiger Türöffner zur Ökologiefrage. Die Aktiven der Internationalen Gärten stellen immer wieder fest, dass viele Migrantenfamilien nicht nur Interesse an ökologischen Produkten und gesunder Ernährung, sondern auch an guter Luft, sauberem Wasser und Boden sowie an weiterführenden Umweltfragen haben.

Sie stellen allerdings auch fest, dass gerade Nicht-Deutsche nur sehr unzulänglich über Umweltfragen und Umweltpolitik informiert sind. Dazu Internationale Gärten-Koordinator Tassew Shimeles:

»Aus unserer Erfahrung ist von Seiten der Umweltverbände und staatlichen Institutionen wenig unternommen worden, Migranten und Flüchtlinge in das Thema Umweltschutz zu integrieren, da ihnen die sprachlichen und kulturspezifischen Erfahrungen und didaktisch angemessene Vermittlungsmethoden fehlen.«

Die Ausschreibung des Bundesumweltministeriums (BMU) »Der Boden lebt« war willkommener Anlass, innerhalb des Projektzusammenhangs des Vereins Internationale Gärten ein experimentell angelegtes Umweltbildungsprojekt zu initiieren, das an der Schnittstelle von ökologischen und interkulturellen Fragestellungen angesiedelt ist. Der Verein erarbeitete den Vorschlag, über einen Zeitraum von sechs Monaten selbst initiierte und durchgeführte Kleinprojekte zu den Themenkomplexen Naturschutz, Nachhaltige Entwicklung und weltweite Gerechtigkeit durchzuführen und nannte diesen Prozess »Lebendiger Boden – lebendige Vielfalt«. Damit landete er im BMU gleich einen Erfolg. »Konkurrenzlos gut« lautete der Kommentar, das Projekt war genehmigt.

Während der Zugang zur Ökologiefrage für viele Menschen in Deutschland äußerst voraussetzungsreich ist – Ökologie wird in der Regel als partiell luxuriöses Mittelschichtsthema wahrgenommen – ist die Praktizierung eines ökologischen Lebensstils bei den MigrantInnen der Internationalen Gärten mehr integraler denn bewusster Bestandteil ihrer Alltagspraxis: Sie haben häufig kein Geld, um zweimal im Jahr in Urlaub zu fliegen, sie benutzen in Ermangelung eines PKWs überdurchschnittlich häufig den öffentlichen Personennahverkehr, sie kaufen gern naturnahe Lebensmittel bzw. bauen sie selber an und bereiten sie in gemeinschaftlichen Aktionen zu.

Außerdem beanspruchen sie – auch aufgrund ihrer minder individualisierten und stärker gemeinschaftsorientierten Identitäten – weniger Wohn- und damit Siedlungsfläche als der »eingeborene Durchschnittsbürger«.

Die Migranten praktizieren also das, was man einen »ökologischen Lebensstil« nennt – auch wenn dieser bei ihnen tendenziell eher aus der materiell vorgefundenen Lage als aus einem »übergeordneten Bewusstsein« resultiert. Der Lebensstilsoziologe Fritz Reusswig führt die Krise des gesellschaftlichen Naturverhältnisses nicht auf singuläre Ursachenfaktoren zurück, sondern koppelt sie an die Lebensweise einer ganzen Gesellschaft, nämlich an die Formen der »... Produktion, Konsumtion, politischen Regulation und kulturellen Deutung der Verhältnisse von Individuen und Gesellschaft zur Natur.« (Reusswig 1994: 126)

Als charakteristisch für die Lebensweise der modernen Gesellschaft sieht Reusswig die weit verbreitete Gleichsetzung von wirtschaftlichem Wachstum und individueller Ressourcenvermehrung mit Fortschritt, Wohlstand und Wohlbefinden an. Nicht zuletzt weil die derzeit existierenden pluralen Lebensstile eng mit der Identität von Menschen verknüpft sind, tritt Ökologie, so Reusswig, nicht als homogener Einstellungs- und Verhaltensblock in die sozialen Milieus ein, sondern ist selbst vielfältig fragmentiert und gebrochen; das Stichwort lautet hier: Pluralismus ökologisch ambivalenter Patchwork-Lebensstile.

Reusswig schlägt vor, an genau diesen, in sich widersprüchlichen Verhaltensweisen und Lebensstilen anzuknüpfen und sie sowohl auf der Ebene der Verstärkung bereits vorgenommener Änderungen als auch auf der Ebene politischer Rahmensetzungen einem »differenziellen Ökologisierungsprozess« zu unterziehen. Der gewissermaßen genuin ökologische »Lebensstil« der Internationalen GärtnerInnen prädestiniert sie dazu, einen wichtigen Beitrag zur (stagnierenden) Ökologiedebatte beizusteuern – gerade auch weil ökologisches Handeln eng geknüpft ist an soziale Prozesse der Vergemeinschaftung und Identitätsbildung, die in den Internationalen Gärten praktiziert werden.

Interkulturelle Umweltbildung als Prozess der gegenseitigen Selbstförderung

An genau dieser Schnittstelle setzt das Umweltbildungsprojekt »Lebendiger Boden – lebendige Vielfalt« an, mit dem die Internationalen Gärten 2001 die BMU-Ausschreibung gewannen. Selbstdefinierte Aufgabe des Pilotprojekts ist, im städtischen und ländlichen Raum Göttingen lebende Migranten- und Flüchtlingsfamilien, die einen gesicherten Aufenthaltsstatus haben und auf Dauer hier leben werden, in die aktuelle nationale und internationale Umweltdiskussion zu integrieren und dabei gleichzeitig die in unterschiedliche Herkunftskulturen eingebetteten Praktiken des Umweltschutzes freizulegen und Verknüpfungen zum »deutschen« Umweltschutz herzustellen.

Ein erster Ansatzpunkt ergab sich über den Wunsch nach Vermittlung und Nutzung vorhandenen Wissens, der an der Frage aufgehängt wurde: Wenn keine gemeinsame Kultur oder Sprache vorhanden ist, kann man dann ökologische Inhalte über gemeinsame Naturerfahrung vermitteln? Und kann auf diese Weise den diversen Erfahrungswelten der Beteiligten Kontinuität verliehen werden? Der Begriff von der »grünen Sprache der Völker« als kulturübergreifendes Erfahrungs- und Verständigungsfeld war geboren und wurde zur Programmatik des Umweltbildungskonzept »Lebendiger Boden – lebendige Vielfalt«.

Der erste Teil des Projekts bestand in der öffentlichen Präsentation und einem Aufruf zur Mitarbeit. Ankündigungen in Berufsschulen, Universitäten, Fachinstitutionen und in der regionalen Presse sorgten für Öffentlichkeit und offenbarten sofort den hoch integrativen Ansatz des Projekts. Ein erster Schritt bestand darin, das Vorhaben im Rahmen der Projektwoche einer berufsbildenden Schule in Göttingen vorzustellen und gemeinsam mit den Schülerinnen und Schülern die Thematik »Boden und Leben« zu diskutieren und zu bearbeiten. Die Resultate wurden unmittelbar ausgewertet und in Form einer kleinen Ausstellung dokumentiert.

Die Arbeit in den Internationalen Gärten ist immer zugleich auch eine Arbeit nach außen. Das betrifft das Umweltbildungsprojekt genauso wie die anderen vielfältigen Aktivitäten des Vereins, seine Ideen in diverse Diskussionszusammenhänge vor Ort einzubetten und zu vernetzen wie auch bundesweit zu verbreiten.

Die TeilnehmerInnen am Umweltbildungsprojekt »Lebendiger Boden, lebendige Vielfalt« trafen sich über einen Zeitraum von einem halben Jahr zweimal wöchentlich in einem der Gärten oder im Göttinger Migrationszentrum. Zu Anfang einigten sich alle TeilnehmerInnen auf folgende thematische Schwerpunkte:

Länderkunde Iran

__ Die Rolle der Religionen bei der Formung des Bewusstseins und des Handelns
__ Die Verbannung der Natur aus dem Bewusstsein
__ Die Veränderung der Natur durch menschliche Tätigkeit - Natur und Kultur
__ Boden als kostbares Gut, Bodennutzung durch den Menschen
__ Monokulturen und die Verarmung des Bodens
__ Interessenskonflikte um den Boden als Ressource
__ Der Boden als Grundlage für die Nahrungsmittelproduktion
__ Erderwärmung und ihre Auswirkungen
__ Biologische Vielfalt als Zeichen für eine intakte Natur
__ Bevölkerungswachstum und landwirtschaftliche Bodennutzung
__ Gleichgewicht durch nachhaltige Entwicklung
__ Erst das Wasser bringt das Leben aus dem Boden hervor
__ Umsetzung des erarbeiteten Wissens in praktische Aktivitäten in den Gärten
__ Die Einrichtung einer Homepage
__ Erarbeitung und Reflexion der heilenden Wirkung des Bodens unter Bezugnahme auf die im Projekt vorhandenen traumatischen Erfahrungen - in diesem Zusammenhang wird ein Gesundheitszentrum als Langzeitperspektive angedacht

Die Methode, die die Internationalen GärtnerInnen entwickelten, lautet: Durch Wissensvermittlung und selbstinitiierte und durchgeführte Kleinprojekte Prozesse der gegenseitigen Selbstförderung entstehen zu lassen, die die Teilnehmerinnen und Teilnehmer dazu befähigen und motivieren, am Natur- und Umweltschutz in Deutschland zu partizipieren und sich als Teil der »Einen Welt« zu begreifen, die des Schutzes aller bedarf.

Diese komplexe Positionierung steht programmatisch für das Projekt Internationale Gärten: Es gelang im Kontext des Umweltbildungsprojektes, in den Flüchtlingen, also in zunächst selbst des Schutzes Bedürftigen, die Erkenntnis in die Notwendigkeit aktiven Umweltschutzes zu wecken, was ihnen zugleich ermöglichte, die Opferperspektive zugunsten einer Akteursperspektive zu verlassen.

Das Wissen der Migrantinnen und Migranten, ihre sozialen und kulturellen Kompetenzen, die sie aus ihren Herkunftsländern mitbringen, sind gefragt, um ein gesellschaftlich relevantes Thema in der Aufnahmegesellschaft zu bearbeiten und damit zugleich einen relevanten Beitrag zur Frage der Integration zu leisten. Ihnen selbst ermöglicht das Projekt, unterbrochene Fäden wiederaufzunehmen, z. B. den vertrauten Bezug zur Natur und mit ihr verbundenen Tätigkeiten wiederherzustellen.

Das Bildungskonzept der Internationalen Gärten entsteht aus der gärtnerischen, handwerklichen und künstlerischen Eigenarbeit selbst. Es ist charakterisiert durch eine innovative Verknüpfung einer ökologisch-umweltbildenden mit einer interkulturellen bzw. explizit kulturvergleichenden Perspektive. Diese Verknüpfung wird interaktiv und »von unten«, also von den MigrantInnen selbst kontinuierlich weiterentwickelt. Sie hat weitreichende Implikationen - unter anderem ermöglicht sie es den im klassischen Sinne wenig Gebildeten, ihr Erfahrungswissen (das oftmals einem agrarkulturellen Hintergrund entstammt) sowohl in gemeinschaftsbildende Prozesse als auch in gesellschaftlich bedeutsame Diskurse wie den Umweltdiskurs einzubringen. Damit leisten sie einen Beitrag zu einer vielschichtig verlaufenden Integration, denn von dieser aktiven und vergleichbaren Beteiligung der EinwanderInnen selbst hängt der Erfolg von Integrationsprozessen letztlich ab.

Dem Arbeitsprozess im Umweltbildungsprojekt lag die zentrale Motivation, die Tassew Shimeles auf den Punkt bringt, zugrunde: »Man muss Gemeinsamkeit herstellen, wenn sie nicht vorhanden ist.« Die TeilnehmerInnen arbeiteten mit folgenden Methoden, die sie zuvor in einem aufwändigen Abstimmungsprozess gemeinsam festlegten:

— reflexive, lebensgeschichtliche Erzählungen im öffentlichen Raum
— subjektive, biographieverbundene Naturbeobachtungen
— systematische und vergleichende Naturbeobachtungen

— Generierung und vergleichende Auswertung von Erfahrungswissen
— Besichtigungen von Fachbetrieben, Initiativen und Institutionen im Bereich des Umweltschutzes (u. a. Regionales Umweltbildungszentrum Reinhausen, Staatliches Forstamt, Tropisches Gewächshaus Uni Kassel, Wasserwirtschaft Oberharz)
— fortlaufende Umweltbildungsveranstaltungen: Seminare, Vorträge (eigene und von außen eingeholte)
— Kooperationen mit den Universitäten Göttingen und Kassel-Witzenhausen
— Teilnahme von Projektmitgliedern am »International Workshop- Contribution of Home Gardens to the Conservation of Plant Genetic Resources in Farming Systems« und beim Verband Entwicklungspolitisches Netzwerk
— Teilnahme am Internationalen Anthropologischen Kongress »Exploitation and Overexploitation in Societies: Past and Present«, Universität Göttingen

Die Rekonstruktion von lokalem Wissen

Die Internationalen GärtnerInnen bringen in den Prozess der Auseinandersetzung miteinander und mit der Natur Wissensressourcen aus dem eigenen Erfahrungshintergrund ein – das Wissen also, das in der Ethnologie und Sozialanthropologie als »lokales« oder »indigenes Wissen« bezeichnet wird (vgl. Antweiler 1998; Long/Long 1992). Dieses Wissen ist eng verflochten mit sozialen Landschaften und Kulturlandschaften, mit einzelnen Biographien sowie mit politischen und historischen Ereignissen. Es ist Wissen über Pflanzenschutz und Bodenfruchtbarkeit, über die Heilwirkungen von Pflanzen oder über die kontinuierlich beobachtbare Veränderung von Landschaften durch menschliche Eingriffe in die Natur.

Lokales Wissen unter den Bedingungen des Exils zu rekonstruieren ist nicht nur ein bedeutsames biographisches Ereignis, sondern auch ein soziales Experiment und eine zentrale, interkulturelle Integrationserfahrung, die die Schnittstelle der Wissens- und Kompetenzgenerierung in den Internationalen Gärten ausmacht. Tassew Shimeles:

»Es gibt sehr viel Wissen in den Internationalen Gärten. Einige von uns sind Analphabeten, aber sie verfügen über viele Kenntnisse, was z. B. ökologische Fragestellungen betrifft. Dieses Wissen tragen sie in sich, aber es ist nicht ohne weiteres zugänglich. Wir müssen es entschlüsseln. Und das versuchen wir dadurch, dass wir nicht nur von Expertenwissen ausgehen, sondern eben auch von diesem Wissen, das die Menschen uns aus dem Alltag und aus ihrer eigenen Geschichte vermitteln.«

Neben den vielfältigen Umweltbildungsaktivitäten lag der methodische Schwerpunkt der Wissensgewinnung im Projekt »Lebendiger Boden – lebendige Vielfalt« in kommunikationsgestützten Verfahren der Vermittlung von Erfahrung. Die TeilnehmerInnen berichteten bei den regelmäßigen Treffen über ihnen persönlich bekannte kulturelle Praktiken zur Feier der Fruchtbarkeit und zum Schutz der Natur. Viele ProjektteilnehmerInnen sammelten in öffentlichen Bibliotheken Daten über die Naturgrundlagen und Geographie ihrer Herkunftsländer und stellten sie anschließend in den Arbeitstreffen vor.

Gemeinsam wurde die ökologische und ökonomische Bedeutung der unterschiedlichen kulturellen Praktiken herausgearbeitet; man stellte Überlegungen über den Zusammenhang von Ökologie und Politik, von Ressourcenknappheit und den weltweiten Kämpfen um Land an.

Die TeilnehmerInnen entdeckten eine Menge kulturübergreifender Übereinstimmungen sowohl in ihren eigenen Biographien als auch in der Beschreibung von Naturvorgängen. So fanden sie heraus, dass der Begriff »Erosion« sowohl in der kurdischen als auch in der amharischen Sprache des äthiopischen Hochlands heißt »das Gesicht der Erde abkratzen«. Aufforstung bedeutet in beiden Sprachen: »der Erde ihr natürliches Kleid zurückgeben«. »Wenn du das Gesicht der Erde pflegst, dann wird die Erde – wenn du stirbst – deinen Körper ebenso gut pflegen«, erinnerte sich eine Teilnehmerin an ein Sprichwort aus ihrem Heimatland (Shimeles 2001b).

Die Diskussionen über den Zusammenhang von ökologischer Krise und gesellschaftlicher Krise fanden statt im Rahmen der Bearbeitung des themenzentrierten Strangs *»Zyklus Erde«*. Erde hat eine große symbolische Bedeutung in den Erinnerungslandschaften der Menschen. Viele der Internationalen GärtnerInnen fühlen sich der Erde zutiefst verbunden und haben während der Dauer des Umweltbildungsprojekts auf den unterschiedlichsten Ebenen Verortungs- Berührungs- und Kontaktpunkte zur Erde gesucht.

Zu Beginn des Umweltbildungsprojekts bat Tassew Shimeles alle TeilnehmerInnen, eine Handvoll Erde aus ihrem unmittelbaren Lebensumfeld mit in die Sitzungen zu bringen. Jedoch reagierten die meisten zunächst mit Abwehr. Dort, wo sie wohnten sei die Erde asphaltiert, und wenn nicht, dann sei sie »schmutzig«. Hunde würden dort urinieren und Autos vorbeifahren. »Dann geht einfach in den Wald und holt saubere Erde«, schlug der Projektkoordinator vor. Ein erstes Projektziel – die Schärfung der Wahrnehmung der unmittelbaren Umgebung – war erreicht. Nach und nach brachten alle Projektmitglieder etwas Erde mit in die Sitzungen und legten sie in Schalen in die Mitte des Raumes.

In den nun folgenden Gesprächen stellte sich heraus, dass viele MigrantInnen und ExilantInnen beim Verlassen ihrer Heimatorte Erde mitnehmen, die sie von

Exkursion zum Umweltzentrum

nun an überall hin begleitet. Bei ihrem Tod wird ein ihnen ein Säckchen der Heimaterde mit ins Grab gegeben. Die starke Metaphorik dieser Handlungen spiegelt zum einen die Bedeutung der Einbettung des menschlichen Lebens in einen spezifischen Raum wider und zum anderen die tröstliche Option, den Raum zu verlassen und ihn zugleich mitnehmen zu können.

Nun ergab es sich, dass die deutsche Freundin einer kurdischen Gärtnerin in den Irak flog. Die Kurdin bat sie, Erde aus drei verschiedenen »heiligen Gebieten« mitzubringen. Tassew Shimeles schrieb indessen an seinen Vater, dass er ihm Erde aus heiligen Orten in Äthiopien schicken möge.

Einige Wochen später lag heilige Erde aus Kerbelaa im Nordirak, wo der Enkel Huseyn bin 'Alee des Propheten Mohammed begraben liegt, neben Erde aus profanen Orten – und es lag Erde aus dem islamischen Kulturkreis neben Erde aus dem christlichen Kulturkreis Äthiopien.

Sofort kreisten alle Gespräche der TeilnehmerInnen um die Frage: Dürfen wir die verschiedenen Erden miteinander mischen? Und was ist überhaupt ein heiliger Ort? Wie wird Erde zu heiliger Erde? Mit welchen sozialen Prozessen und gesellschaftlichen Verhältnissen sind solche Verwandlungen verbunden?

Die Diskussion ging weiter: Was bedeutet Vermischung? Sollten sich Kulturen vermischen? »Nein«, befanden einige. Die heilige Erde dürfe nicht vermischt werden, sie sei ein zu starker Ausdruck für Identität. »Aber«, so wandten andere ein:

»Was ist Identität? Verändert sich Identität nicht auch, und besonders durch Flucht und Migration?«

Eine muslimische Gärtnerin wiederum fand, dass Erde generell heilig sei und von daher problemlos mit anderer Erde vermischt werden könne. Man einigte sich schließlich darauf, dass heilige Erde aus unterschiedlichen Ländern miteinander vermischt werden dürfen, geweihte Erde mit profaner jedoch nicht.

Die Internationalen GärtnerInnen versuchten sich dem Themenfeld noch weiter anzunähern, indem sie systematisch Wissen aus den ihnen zugänglichen unterschiedlichsten Kulturkreisen sammelten: In einigen ist Erde heilig, wenn sie geweiht wurde oder wenn in ihr Religionsstifter begraben liegen bzw. auf ihr gelebt haben. Auch Wasser kann heilig sein, wenn es geweiht wurde: Das ist der Fall beim heiligen Brunnen in Mekka oder in den Weihwasserbecken der katholischen Kirchen. Im Koran ist die Rede von Feigen und Oliven als »heiligen Früchten«. In Äthiopien haben bestimmte Bäume eine sakrale Bedeutung. Unter ihnen werden Treffen abgehalten, weil sie im Ruf stehen, der Konzentration besonders förderlich zu sein. Andere Bäume stehen unter Schutz, weil sie Geister beherbergen.

In afrikanischen Kulturen können auch die Gräber von Ahnen heilig sein. Ein Mitglied der Internationalen Gärten aus Somalia berichtete von dem afrikanischen Brauch, Konflikte an den Gräbern der Ahnen zu schlichten: Man holt Erde von der Grabstätte, legt sie zwischen die Konfliktparteien, lässt beide die Erde berühren und fordert sie dann auf, die Wahrheit zu sagen. Es gilt als todbringend, bei der Erde der Ahnen zu lügen.

Die wochenlang geführten Diskussionen über die symbolische Bedeutung der Erde hatten den Effekt, dass die unterschiedlichen kulturellen Einbettungen herausgearbeitet und Unterschiede sowie Gemeinsamkeiten entdeckt werden konnten. Zudem wurde immer wieder ein Bezug zur stark säkularisierten christlichen Kultur in Deutschland hergestellt.

An den Themenstrang *»Zyklus Erde«* schlossen sich weitere thematische Schwerpunkte zu Naturreligionen, Schöpfungsmythen, unterschiedlichen kulturellen Naturvorstellungen und Landschaftsbildern an und wechselten sich ab mit Betriebsbesichtigungen, Exkursionen und dem was die GärtnerInnen »länderkundliche Sitzungen« nannten.

Die Sitzung »Länderkunde Kurdistan-Irak«, die im Februar 2001 durchgeführt und protokolliert wurde, soll hier als repräsentatives Beispiel dienen sowohl für die spezifische Art und Weise, wie die kurdischen ReferentInnen ihre Herkunftskultur präsentierten als auch für die Methode der selbstorganisierten Wissensvermittlung in den Internationalen Gärten:

Protokoll: LÄNDERKUNDE KURDISTAN-IRAK
Referenten: Hosain Tahsin und Avin Mohammad

Tahsin erzählt: Ich heiße Tahsin, bin 35 Jahre alt und komme aus einem kleinen Dorf in der Nähe der Hauptstadt. Unser Dorf liegt zwischen zwei Bergen. Mein Vater, meine zwei Brüder und ich bewirtschafteten unseren Boden und versorgten unsere Tiere.

1. Landschaft
Kurdistan ist umringt von folgenden Ländern: Türkei im Westen, Libanon im Süd-Westen, Syrien im Süd-Westen, Irak im Süden, Iran im Süd-Osten, Russland im Norden. Im Norden und Westen des Landes sind Gebirgszüge. Im Süden gibt es Sumpfgebiete und im Osten Wüste. Die Erde ist fruchtbar, und es gibt viele Quellen, Bäche und Flüsse.

2. Anbau von Gemüse, Getreide und Obst
Der fruchtbare Boden, das Klima und die Möglichkeit der Bewässerung ermöglichen einen Anbau aller Getreidearten: Roggen, Weizen, Gerste und Hafer.
Tahsin erzählt von seiner Ernte. Er konnte Gurken, Äpfel (viele), Pfirsiche, Pflaumen und Kastanien (verschiedene Sorten), Sesam, Walnüsse, Aprikosen, Feigen, Pistazien, Kastanien, Wein ernten. Außerdem wachsen in Kurdistan Honigmelonen, Wassermelonen, Granatäpfel und Mandeln.

3. Vegetation in Kurdistan-Irak
Es gibt viele wildwachsende Obstbäume und Wildkräuter. Eine Frucht heißt Kasuan, sie ist klein, rund und grün, ist außen hart und innen weich. Aus dem weichen Kern werden Kaugummi und Seife hergestellt.
Kengir ist eine Gemüseart, aus deren Milch auch Kaugummi hergestellt wird. Im Frühjahr gehen die Frauen in den Wald und sammeln den wildwachsenden Aronstab, aus dem sie ein leckeres Gemüse herstellen.
Heilkräuter/Heilpflanzen/wild wachsende Pflanzen sind zum Verzehr als Gemüse geeignet.
Kurdistan ist reich an wild wachsenden Kräutern und Pflanzen, die gesammelt und als Gemüse genutzt werden, oder gegen Krankheiten Anwendung finden, z. B. Gijabent, ein Kraut gegen Bauchschmerzen. Im Frühjahr und Sommer riecht es überall nach Pfefferminze.

4. Gebirgszüge
Die Frage, ob die Kurden ein Bergvolk sind, wird verneint. Oftmals werden die Kurden von den Türken als »Bergtürken« bezeichnet, das ist ein negativ besetzter Begriff.

5. Jahreszeiten
In Kurdistan gibt es vier Jahreszeiten: Im Frühling ist es angenehm und mild, es regnet öfter. Im Sommer ist es angenehm, das Wasser der Flüsse, Bäche haben eine erfrischende und kühlende Wirkung. Im Sommer gibt es keinen Regen. Im Herbst, der bis Mitte November dauert, gibt es angenehme Temperaturen und keinen Regen. Der Winter wird nicht in den Bergen verbracht, weil es viel Schnee gibt.

6. Quellen
Das Quellwasser wird als Trinkwasser benutzt. Es hat heilende Wirkung und wird z.B. zur Behandlung bei Nierenerkrankungen genutzt.

7. Tiere
Tahsin erzählt von seinen Tieren: Die schönsten Tiere waren die Ziegen. Seine Familie besaß 200 Ziegen, 35 Schafe, 4 Kühe, 2 Bullen, 2 Maultiere, 10 Hühner, 2 Hunde, 4 Katzen.
Fast jede Familie in Kurdistan-Irak hält Hühner. Im Süden des Landes gibt es Kamele. Einige Bauern betreiben Bienenzucht.

8. Soziales Netz
Wie leben die Familien zusammen?
Die Referentin Avin Mohammad zeigt einen selbst aufgenommen Videofilm von ihrer Familie und erzählt über ihre Familie: Jeden Freitag, bei schönem Wetter treffen sich Familienangehörige, Freunde und Bekannte und unternehmen gemeinsam etwas, zum Teil treffen sich 10 bis 15 Familien. Das Video zeigt einen Ausflug in touristische Regionen. Es wird gesungen, getanzt und gegessen.
Auf dem Video ist ein Ausflug in das Dorf von Avins Schwiegervater zu sehen, ein fruchtbares Tal mit viel Wasser und üppiger Vegetation (Granatäpfel, Sonnenblumen, Trauben, Pfirsiche und Aprikosen). Der Schwiegervater hat eine Bienenzucht.

Die Frauen kochen für den Freitag große Mengen. Die Männer gehen am Freitag in die Moschee und bringen Freunde mit, die zum Mittagessen bleiben und zudem wird viel Besuch erwartet.
Die Mädchen heiraten früh und gehen in der Regel in die Familie des Mannes, vor allem die Frau, die den ältesten Sohn heiratet.
Der älteste Sohn hat die Verpflichtung, seine Eltern im Alter zu versorgen und trägt die Verantwortung für die Geschwister, die nicht heiraten und zu Hause bleiben. Diese große Verantwortung des Erstgeborenen kann viele Probleme mit sich bringen. Wird eine Ehe geschieden, so heiraten die Frauen oftmals nicht wieder.
Avin Mohammad erzählt über das Brotbacken: zwei Mal im Monat werden 200 Brote gebacken, die in einem trockenen Raum aufbewahrt und vor dem Verzehr mit Wasser leicht angefeuchtet werden.

9. Politik
Die Kurden kämpfen seit Jahren um ihre Unabhängigkeit und Autonomie. Die Grenzen von Kurdistan sind nicht mehr klar. Die umliegenden Länder haben Kurdistan aufgeteilt und so gehört ein Teil des Landes zu der Türkei, zum Iran, zum Irak, zu Syrien und zu Russland. Kurdistan soll ausgelöscht werden und eine vorgeschriebene Völkerwanderung und Vermischung zwischen Arabern und Kurden soll den Prozess unterstützen. Der Krieg hat die fruchtbare Erde verbrannt, die Natur zerstört und die Menschen vernichtet oder in andere Länder vertrieben.

Herr Tahsin, ein Kurde, dessen Geschichte in Deutschland kaum jemand kennt, kann über die Thematisierung seiner Biographie seine Identität als kurdischer Bauer mitteilbar machen. Durch die Beschreibung der Landschaft und der Tiere und die Erzählung über das Leben im Dorf können Herr Tahsin und Frau Mohammad zeigen, wer sie sind.

Die Internationalen GärtnerInnen lernen aus der Distanz heraus die eigene Agrarkultur besser verstehen und können sich aus der enteigneten Position als Flüchtlinge wieder einen eigenen Standpunkt erarbeiten, der es ihnen ermöglicht, sich auf produktive, gebende und gestaltende Weise einzubringen. Diese innovative Form der Integration wird im konkreten und zugleich im übertragenden Sinne im Kontext der Umweltbildung in den Gärten praktiziert. Sie ermöglicht es den Menschen, durch die Übernahme von ökologischer Verantwortung einen neuen Zugang zur *Welt als Heimatort* zu finden und damit einen Standpunkt einzunehmen, der nicht mehr ausschließlich auf der Identifikation mit der verlorenen Herkunftskultur beruht.

Bodenkundlicher Ausflug in Göttingen

Auch Frau Mohammad verleiht ihrer Geschichte ein Gesicht. Das Umweltbildungsprojekt gibt ihr die Möglichkeit, sich über ihr Wissen - in diesem Fall Wissen über regionale Konservierungstechniken, die in ihrer städtischen Etagenwohnung nicht mehr gefragt sind - neu zu präsentieren. Die Frau erzählt detailliert, wie in ihrer Region in Kurdistan-Irak zu Anfang des Winters Schafe und Ziegen geschlachtet und anschließend mit Eigenfett eingerieben werden. Danach legt man das Fleisch in ein verschließbares Gefäß aus Ton und gräbt es im Boden ein oder stellt es in kaltes Wasser. Diese Konservierungstechnik hat den gleichen Effekt wie eine Gefriertruhe (bei einer ungleich besseren Ökobilanz). Frau Mohammad weiß auch, wie man Käsevorräte für den Winter zubereitet. Sie berichtet detailiert, wie der frische Käse gesalzen wird und wie man das Fleisch im geschlossenen Gefäß aufbewahrt.

Dieses Wissen hat im heutigen Leben von Frau Mohammad nur noch nostalgischen Wert. Im Kontext der ökologischen Diskussionen um alternative Energien erhält es jedoch eine neue Bedeutung. Die aktive Partizipation am Umweltdiskurs ermöglicht es, unmittelbar an den eigenen Erfahrungs- und Kulturkreis anzuknüpfen und über die Mobilisierung und Rekonzeptionalisierung lokal situierten Wissens - z. B. die Relevanz kleinbäuerlicher Strategien gegen Erosion - geeignete Beiträge zur deutschen oder auch zur globalen Umweltdiskussion zu leisten.

Die zeitgleich erfolgende Verortung des Projekts Internationale Gärten in der alten und neuen Heimat sowie im universellen Diskurs über die weltweite Umweltzerstörung eröffnet einen lokalen und zugleich globalen Zugang zum Themenkomplex soziale und ökologische Strategien zum Frieden mit der Natur und miteinander. Der folgende Protokollausschnitt aus einer Sitzung im Umweltbildungsprojekt »Lebendiger Boden - lebendige Vielfalt« vom Mai 2001 mit einem Referenten von außerhalb der Kerngruppe zeigt dies deutlich:

Protokoll: »DER BODEN LEBT – DIE CHRISTLICHE PERSPEKTIVE«

Referent: Peter Lahmann, Pfarrer in Göttingen. Seit Jahren betreut er Flüchtlinge aus anderen Ländern und hat das Projekt Internationale Gärten von Anfang an unterstützt.

HERR LAHMANN: In der Bibel gibt es zwei Geschichten über die Entstehung der Erde. (2 600 und 3 000 Jahre alt): In sieben Tagen wurde die Erde erschaffen: Licht und Finsternis, Pflanzen und Tiere und zum Schluss die Menschen. Gott sprach: »Lasst uns den Menschen machen nach unserem Bild und Gleichnis.« Dann bildete Gott der Herr den Menschen aus Staub von dem Ackerboden und hauchte ihm den Odem des Lebens ins Angesicht. So wurde der Mensch zum lebendigen Wesen.
In der zweiten Geschichte wurde der Mensch aus dem Lehm der Erde geformt und Odem geblasen, so dass er zum Leben erwachte. Hebräisch bedeutet Ha Adam = Erde und Adam = Erde. Beim Begräbnis eines Menschen, heißt es heute noch: »Erde zu Erde, Staub zu Staub«.
In vielen Kulturen existiert eine vergleichbare Geschichte. An anderer Stelle in der Bibel heißt es: »Der Boden bringt Leben hervor«.
Herr Lahmann zeigt zur Veranschaulichung drei verschiedene Sorten von Böden: Schwerer Lehmboden – Flusskies – Kompostboden. In jedem Boden befinden sich Lebewesen: Regenwürmer, Mücken, Pilze, Bakterien u. v. a. m. Frage an die TeilnehmerInnen: Wie viele Lebewesen sind wohl im Flusskies; im Lehmboden und im Kompostboden zu finden?
Es wird gerätselt, aber keiner der Teilnehmer kommt annähernd an das Ergebnis: Im Flusskies befinden sich eine Million Lebewesen – Mikroorganismen, die zum Teil mit dem bloßem Auge nicht zu erkennen sind. Im Lehmboden befinden sich 80 bis 100 Millionen Lebewesen, und in einer Handvoll Komposterde leben so viele Lebewesen, wie derzeit Menschen auf diesem Planeten. Lebewesen in der Erde beschleunigen das Wachstum. Die Grundlage allen Lebens ist die Erde. Ein Wunder und ein Geschenk Gottes.
HERR SHIMELES: Was bedeutet das für unseren Garten? Was ist in diesem Zusammenhang wichtig für uns, wichtig für das Wachstum?
Herr Tahsin: Wie ist es möglich herauszufinden wie viele Lebewesen in einer Handvoll Erde leben?
HERR LAHMANN: Untersuchungen an der Erde haben diese Ergebnisse erbracht!

HERR TAHSIN: Wie sehen solche Untersuchungen aus?
HERR SHIMELES: Winzige Teile der Erde werden unter dem Elektronenmikroskop um ein Vielfaches vergrößert, und dann werden die Lebewesen gezählt. Mit dieser Darstellung im Kleinen kann die Anzahl der Lebewesen, z. B. einer Handvoll, hochgerechnet werden.
HERR TAHSIN: Steht in der Bibel geschrieben, dass solche Untersuchungen stattfinden sollen oder dürfen?
HERR LAHMANN: Die Bibel sagt, in der Erde steckt Leben. Mit der heutigen Forschung und den heutigen Möglichkeiten ist diese Aussage der Bibel bestätigt und bewiesen. Dieser Teil des christlichen Verständnisses ist in allen Religionen gleich. In der Gegend von Osnabrück gibt es viele Landwirtschaftsbetriebe, die Massentierhaltung betreiben. Die massenhaft anfallenden Ausscheidungsprodukte (Gülle) werden auf den Feldern verteilt. Untersuchungen ergaben, dass der Boden durch diese Gülle abgestorben ist, d. h. Lebewesen können in diesem überdüngten Boden nicht überleben. Verantwortung für den Boden, ist der Schlüssel für das Bodenleben.
Im christlichen Verständnis gibt es zwei zentrale Sätze: Gott schuf den Menschen nach seinem Bilde, macht die Erde untertan und mehret euch.
Bebaut die Erde und bewahret sie!
Beide Sätze gehören zusammen. Die Erde darf nicht nur untertan gemacht werden, sondern sie muss auch bewahrt, das heißt gepflegt werden.
FRAU ABID: Wenn wir uns beschweren über Schnecken und Ameisen, dann ist das nicht richtig, alle Lebewesen haben ein Recht auf Dasein.
HERR SHIMELES: Der religiöse Auftrag eines gläubigen Menschen ist die Verantwortung für die Erde, das heißt für die Pflege und für das Bewahren der Erde.
Die Bodenverschmutzung durch Regen und Luft nahm und nimmt in den letzten Jahren immer mehr zu. 1998 wurde ein Gesetz erlassen, das den Boden schützen soll, das Bodenschutzgesetz. Es hat den Zweck, die natürlichen Funktionen des Bodens als Lebensgrundlage und Lebensraum zu sichern. Zum Beispiel darf kein Öl auf den Boden geschüttet werden. Eine solche Verunreinigung wird in Deutschland bestraft.
Einen neuen Boden können wir Menschen nicht künstlich herstellen. Wir brauchen die Erde, um leben zu können. Die Erde ist unsere wichtigste Grundlage.

Neue soziale Identitäten: Integration als Identitätsformation

Die Angebote des Umweltbildungskonzepts »Lebendiger Boden – lebendige Vielfalt« werden ebenso wie alle anderen Bildungsangebote der Internationalen Gärten, von den TeilnehmerInnen selbst gestaltet und durchgeführt. Es gibt keine engen methodischen Vorgaben. Auf diese Weise entsteht ein unmittelbares Erfahrungsfeld von gegenseitiger Befähigung und Förderung, die diverse Sprach-, Qualifikations- und (inter-)kulturelle »Defizite« auflösen oder zumindest abschwächen. Das stärkt ein Selbstbild, das nach der häufig desillusionierenden Erfahrung der Flucht wieder verknüpft werden kann mit Kompetenzen und autonomer Gestaltung der Biographie.

Ein verbessertes Selbstbild kann zugleich berufliche Qualifikation sein, die in manchen Fällen in eine Erwerbsarbeit führt. So hat ein Internationaler Gärtner, der als Bauer flüchten musste, jahrelang in Göttingen gelebt, ohne Deutsch zu sprechen. Erst in den Gärten erwachte in ihm der Wunsch, die deutsche Sprache zu lernen. Kurze Zeit darauf erhielt er eine vom Sozialamt geförderte BSHG-19-Stelle in den Gärten, lernte immer besser Deutsch sprechen, engagierte sich für das Projekt und bildet sich jetzt laufend im Gartenbau-Bereich fort.

Übergreifendes Ziel des Vereins Internationale Gärten ist, sowohl einen Beitrag zur Integration als auch einen Beitrag zum Frieden zu leisten. Die Umweltdiskussion ist in Deutschland ein wichtiger Bestandteil der Alltagskultur und ermöglicht als Handlungsfeld für MigrantInnen gleich zweierlei: Zum einen lernen die Aktiven die Funktionsweise der deutschen Gesellschaft am Beispiel ihrer institutionellen und sozialkulturellen Verankerung im Umweltschutz durch unmittelbare Kontakte und Bezüge kennen – und zum Teil auch schätzen, so waren viele TeilnehmerInnen des Umweltbildungsprojekts positiv überrascht über den in diesem Land verankerten Wasserschutz.

Vermittelt über diese lebenswelt- und alltagsnahen Erkenntnisse werden die kulturellen Kodierungen der Kommunikation mit Leben gefüllt und fassbar: Die Lebenswelt diffundiert und wird transparenter. Die symbolische Ordnung der »deutschen« Gesellschaft, das kulturelle Normen- und Kommunikationssystem inklusive seiner Institutionen (Verwaltung, Betriebe, Vereine) wird erfahrbar und verknüpfbar mit den Bedeutungen und Erfahrungen auf dem Hintergrund eigener Lebenswelten.

Das wiederum ermöglicht, einen Teil der Sozialisation »nachzuholen«, den hier aufgewachsene Gesellschaftsmitglieder quasi nebenbei, also »by living«, in das individuelle Gedächtnis einschreiben. All das, was Deutschen selbstverständlich erscheint, kann für Migranten zur unüberwindlichen Hürde beim komplexen Verständnis von menschlichen Verhaltensweisen oder Funktionsweisen der alltagsbestimmenden Institutionen dieses Landes werden. So ist ein kulturelles und historisches Spezifikum wie das Vereinsrecht kaum vermittelbar außer über das Einüben dieser Praxis selbst; eben indem die MigrantInnen wie im Fall der Internationalen Gärten einen Verein gründen, seine Strukturen nutzen und dadurch ein Stück »Deutschsein« leben und in dieser Erfahrung möglicherweise Parallelen herstellen lernen zu ihnen vertrauten Organisationsformen und Vergemeinschaftungsprozessen.

Zu den Bildungs- und Fortbildungsangeboten der Gärten gehören über die spezifischen Angebote des Umweltbildungsprojekts »Lebendiger Boden – lebendige Vielfalt« hinaus:

- Sprach- und Alphabetisierungskurse
- Muttersprachlicher Unterricht in Arabisch und Dari
- Gesprächskreise über die Bedeutung von Gärten in unterschiedlichen Kulturen
- Reflexionen über die historischen, politischen und ökonomische Ursachen von Flucht sowie internationalen Migrationsbewegungen
- muttersprachlicher Unterricht für Kinder und Jugendliche
- Standortkunde und Seminare zu biologischem Gemüseanbau
- Anleitung in Konservierungsmethoden und Subsistenztechniken
- praktische Anleitung bei Kompostierung, Wasserschutz und Müllrecycling
- Waldlehrgänge
- Holzschnitz- und Kochkurse
- Betriebsbesichtigungen im Göttinger Umland
- Berufliche Orientierung zur Kompetenzerweiterung
- Kontaktaufbau zur Universität, Schulen und anderen Bildungsträgern
- Arbeiten mit Ton und Holz, Bau von Gartenhäusern, -toren und Wasserleitungen

Besonders erfolgreich sind die Sprach- und Alphabetisierungskurse, die der Verein Internationale Gärten in Kooperation mit der Evangelischen Erwachsenenbildung Göttingen (EEB) anbietet. Die Motivation, Deutsch zu lernen ist in diesem Kontext gekoppelt an die Motivation, sich sozial neu zu verorten. Eben weil die meisten Akteure der Gärten EinzelmigrantInnen sind und ihr Leben nicht um eine homogene ethnische Community herum organisieren, sind sie in ihrer Verschiedenheit

Alphabetisierung in den Internationalen Gärten

aufeinander angewiesen – die deutsche Sprache ist daher für sie nicht nur eine Herausforderung, sondern das Eingangstor zu neuen Verbindungen:

»Für die Frauen sind die Alphabetisierungskurse Neuland im doppelten Sinne: die Erfahrung mit der deutschen Sprache und die Erfahrung mit der Schrift. Der Kurs eröffnet ihnen Wege zu mehr Selbstständigkeit. Die Entfaltung des Selbstbewusstseins der Frauen im Verlaufe der inzwischen zweijährigen Kurse ist spürbar und sichtbar. Stolz lesen sich die Frauen gegenseitig die Einladungen zum Erntedankfest im Internationalen Garten vor. Zuhause können sie in den Grundschulbüchern ihrer Kinder lesen und deutsches Alltagsleben studieren, sie sind nicht mehr aus der Schriftwelt ausgeschlossen. Die Alphabetisierungskurse sind außerordentlich begehrt, weil sie Vieles vereinen: Lernen, Austausch von Alltagsproblemen, gegenseitige Hilfe mit den Kindern, Beratung bei Ehekrisen, Trost und heiteres Zusammensein ...« (Shimeles 2000: 5)

Frau Omar zum Beispiel lebt seit mehr als zwölf Jahren in Deutschland. Lesen und Schreiben eignete sie sich erst im Alter von gut 60 Jahren an: in den Internationalen Gärten. Hier ergab sich für sie auch erstmals die echte Notwendigkeit, Deutsch zu lernen. In dieser, allen gemeinsamen Sprache werden die Wachstumserfolge auf den Beeten kommentiert und Erfahrungen auf dem Sozialamt ausgetauscht. Im Deutschkurs sitzt dann die Arztfrau aus der persischen Oberschicht neben der Analphabetin aus Sri Lanka, nachdem beide gemeinsam die Erde umgegraben haben. Erproben können sie die neue Sprache auch mit den deutschen Vereinsmitgliedern, die vielfach in binationalen Verbindungen leben und daran interessiert sind, ihren Kindern mehrfach-kulturelle Erfahrungen zu ermöglichen. Einige von ihnen verfügen über Kenntnisse der lokalen Gartenkulturen und Bodenbeschaffenheiten. Der Austausch darüber ist für viele GärtnerInnen eine weitere Motivation, sich dem Gastland zu öffnen und seiner Realität neue Impulse in Richtung ökologischer, ökonomischer und sozial-kultureller Zukunftsfähigkeit zu geben.

Die MigrantInnen erlernen im Kontext der aus dem Lebensalltag selbst heraus entwickelten Bildungsangebote nicht nur Deutsch, sondern auch eine spezifische Form, sich thematisch zu verorten. Handwerkliche und künstlerische Kleinprojekte, Fachpraktika, Betriebsbesichtigungen, Exkursionen, Kontakte zu Fachbehörden gehören ebenso dazu wie der Bau von Geräteschuppen, Gartentoren und Brotbacköfen, Hauswirtschaftsaktivitäten wie Kochen und Konservieren von Früchten, Umweltkunde und Ressourcenschutz, Austausch mit Schulen, Jugendwerkstätten oder Altenheimen im Stadtteil, Waldlehrgänge etc.

Durch die inhaltliche Positionierung der Internationalen Gärten über Themen wie Ökologie, Frieden oder Interkultur erhalten ihre Akteure nicht nur eine sprachliche, sondern auch eine kulturelle Artikulationsfähigkeit. Das bedeutet, dass die Bildungsaktivitäten ein wesentlicher Beitrag zur Integration sind und Flüchtlinge dazu befähigen, wieder ihren Platz im Leben zu erkennen und auszufüllen. Und es bedeutet, neue Erfahrungen mit sich selbst und der Relevanz ihrer eigenen Existenz zu machen. Zum Beispiel die, dass deutsche StudentInnen aus der Göttinger Universität die MigrantInnen nach ihren Anbaumethoden und ihrem Erfahrungswissen fragen. Oder dass politische Prominenz wie Rita Süssmuth oder Jürgen Trittin sich für die Lebensrealität der Flüchtlinge interessieren und sie in den Gärten besuchen. Oder dass die Lokalpresse über jede ihrer Aktivitäten Berichte schreibt und Fernsehanstalten wie das ZDF und arte Interesse an einer Filmdokumentation über den Alltag in den Gärten zeigen.

Zentraler Ausgangspunkt der Aktivitäten ist: Nicht bei den Defiziten, sondern bei den Stärken und (häufig verschütteten) Fähigkeiten der Leute ansetzen und von dort aus die Weiterbildung als Arbeit der gegenseitigen Befähigung zu entwerfen. Im Konzept der Internationalen Gärten liest sich das so:

»Der libanesische Schreiner entfaltet sein Können beim Bau eines Gartentores, die kurdische Bäuerin führt die Nachbarn in die Zubereitung gefüllter Weinblätter ein, die deutsche Krankenschwester lernt von der iranischen Hebamme die heilende

Wirkung der angebauten Kräuter kennen, der irakische Betriebswirt verhandelt mit dem Grünflächenamt über den Erwerb neuer Grundstücke, die tschechische Zeichnerin gestaltet die Wanderausstellung, der kongolesische Journalist fotografiert Arbeitsabläufe im Garten.« (Shimeles 2000: 3)

Während der Wintermonate findet in den Internationalen Gärten eine verstärkte Verknüpfung von landwirtschaftlichen Aktivitäten mit Kunst und Handwerk statt. Die Vereinsmitglieder treffen sich im Göttinger Migrationszentrum oder in den Räumen der Evangelischen Erwachsenenbildung. Sie beteiligen sich an Schnitz- und Malkursen, an PC- und Internetschulungen oder planen die zukünftigen Projekte des Vereins.

Seit 1999 steht in einem der vier Gärten ein nach mitteleuropäischem Vorbild selbst gemauerter Backofen. Im Frühjahr 2000 bauten die Frauen des Vereins einen orientalischen Ofen aus Lehm und Stroh (Tanur). Tassew Shimeles stellt das Brotbacken in einen interkulturellen Zusammenhang, wenn er sagt, dass jedes Volk sein eigenes Brot hat und die Art, wie es gebacken wird, etwas über die jeweilige Kultur aussagt.

Der Verein zeigt verschiedene Aspekte des Brotbackens in der Praxis auf. Hier wird eine weitere Dimension der Arbeit in den Internationalen Gärten deutlich: Es geht nicht um museale Darstellungen, sondern um die Vermittlung und Neuschöpfung kultureller Besonderheiten im Tun selbst. Dabei vermischen sich Erde und Kulturen, sinnliche Erfahrbarkeit mit ökonomischer Notwendigkeit (das Brot wird gegessen), auch hier wird ein Stück Herkunftskultur neu inszeniert, damit rekonstruiert und mit anderen Kulturen verknüpft.

Die in den Gärten erprobte Form des Lernens verbindet handwerkliche, sinnliche Tätigkeit mit erfahrungsgeleiteter Erkenntnisgewinnung. Das zeigt der inhaltliche Aufbau des thematischen Projektzyklus »Brotkünste der Völker« deutlich:

PROJEKTZYKLUS »BROTKÜNSTE DER VÖLKER«

1. Geschichte des Backens

- ***Backen im Alten Ägypten (der Weg des Brotes über den Nil von Ägypten nach Griechenland und über die Römer nach Westeuropa)***
- ***Backen in Alt-Äthiopien: das Schalenbrot und das Difo-dabo***
- ***Backen im Orient***

2. Techniken des Backens

3. Brot als rituelles Objekt
__ Entfremdung vom Brot durch Industrialisierung - Brot als Ware
__ Die Bedeutung von Brotgottheiten (Isis, Demeter, Ceres, Marienkult)
__ Brot in den Religionen

4. Politische Ökonomie des Brotes
__ Brot heißt Leben, ohne Brot ist man machtlos
__ Brotknappheit als Ursache für Unruhen
__ Brot als Waffe
__ Hunger in der Welt und unsere Verantwortung

Im Praktizieren und öffentlichen Demonstrieren des Backens in selbst gebauten Öfen findet zugleich eine Auseinandersetzung mit der politischen Geschichte und Ökonomie des Brotes statt. Auf diese Weise wird vermittelbar, wie der »Mangel an Brot« Kriege, Flucht und Migration verursachen kann - die Fragmentierungen der eigenen Biographie finden dadurch eine Erklärung. Über die ökologische Fragestellung als ein Zugang zum Phänomen Migration wird dabei, so macht das Beispiel »Länderkunde Kurdistan-Irak« deutlich, dabei zum einen ein tieferes Verständnis sowohl der Herkunftskulturen als auch der Ursachen für Flucht und Vertreibung möglich.

Zugleich wird das Interesse der Flüchtlinge, die vielfach aus »einfachen« Verhältnissen kommen, an der Welt geweckt: »Für mich war Sri Lanka früher kein Begriff. Durch die Tamilen bei uns im Garten habe ich viel gelernt über Weltpolitik«, sagt eine Gärtnerin. Das Kennenlernen der Welt aus verschiedenen ethnischen, religiösen und politischen Perspektiven ist vielleicht ein Ersatz für die Entwurzelung aus dem eigenen Herkunftsland. Der unfreiwillige und häufig durch eine dramatische Fluchtgeschichte belastete Weg in neue Welten wird so im Nachhinein gestaltet; die Globalisierung der eigenen Biographie nachvollziehbar und die enormen persönlichen Herausforderungen, die an die MigrantInnen gestellt werden, durch gemeinschaftliche Formen der Produktion und des Austauschs bewältigbar.

Die Akteure eignen sich ihre Geschichte neu an. Auch das ist ein aktiver Umgang mit Schicksal, das dadurch erklärbar und teilbar wird. Wenn die eigene Geschichte Gestalt erhält, und deutlich wird, wie Geschichte und Kultur des eigenen Landes verknüpft sind mit der Kultur des Aufnahmelandes, wird ein Ankommen möglich auf einer Ebene von Gegenseitigkeit, wird eine Verortung im Neuen möglich, die das Alte nicht verleugnen muss.

Die jüngste Generation übt sich im Maisfladenbacken

Gerade auch die Entdeckung der großen kulturellen Einflüsse des Dreistromlandes/Orient auf den Westen, der ja die heutigen islamischen Kulturen tendenziell als »minderwertig« und historisch »zurückgeblieben« rezipiert, bedeutet für die iranischen oder irakischen EinwanderInnen eine Rehabilitation in der Wiedererkennung des Eigenen im vermeintlich Fremden. Und das jenseits von klassischer Bildung oder intellektueller Auseinandersetzung, sondern vielmehr im Sinne einer »Volksbildung von unten«. Frau Abid, die im Rahmen des Umweltbildungsprojekts ihr Heimatland in erster Linie über die sozialen und kulturellen Ereignisse ihres eigenen Alltags präsentierte, sagte nach ihrem Vortrag: »Ich war so stolz auf mein Land.« Sie sprach über die Geographie, den Boden, das Wetter und verknüpfte die spezifischen Gegebenheiten der Natur mit den kulturellen Produktionen ihrer verschiedenen Bedeutungen. Am Schluss gelangte sie zu der Erkenntnis: »Kultur kommt von Natur.«

Am Eingang des Gartens
Göttingen-Geismar

Blumenmeer

Herr Shimeles und Frau Abid experimentieren mit Erde

Nachbarschaftsfest

Internationales Amusement

Stolze Mangoldernte

Ernten und Essen

VON DEN PFLANZEN LERNEN

Pflanzen sind ein seelisches Modell.
Pflanzen sind die Vorbilder des Seins.
Man lerne von den Pflanzen,
was den Menschen not tut:
Aus unsichtbaren Tiefen
Kräfte schöpfen.
Sich dem Licht zuwenden.
Werden in Allmählichkeit.
Nichts hervorbringen,
was nicht darinnen ist.
Bleiben und blühen.
Sich im Winde wiegen,
doch verwurzelt sein.
Seine Früchte verschenken.
Gewiß sein, daß die Last des Schnees
vergehen wird.
Nicht klagen und nicht richten.
Wundervolle Formen bilden
wie das einfache Gras.
Und mit der Zeit ein Reich errichten
wie das Astwerk alter Bäume.
Von den Pflanzen lernen,
ein Mensch zu sein.

Heinz Hector
aus: Vom Sein. Aphorismen zur Ethik.
Weppert Verlag

Exkursion zur Bundesgartenschau

Blumenpracht mit Schmetterling

ERDE, WOHIN BIST DU GEGANGEN?

Der Boden, der fruchtbare Boden,
auf dem unser Dorfleben blühte,
wollte uns nicht mehr ernähren.
Die Menschen unseres Dorfes hungerten,
sie flüchteten zu Hunderten, zu Tausenden,
sie weinten und flehten die Erde an:
Oh meine Erde,
Boden meiner Kindheit,
der du blühende Vielfalt hervorbrachtest,
der du unsere Geheimnisse bewahrtest.
Wohin bist du gegangen?

Tassew Shimeles

Mischbeet

Gartenspielgeräte

Gartenarbeit

Internationale Gärtnerinnen fachsimpeln

Wo sind die Kartoffeln?

Urbarmachung:
Gemeinschaftsbildender
Prozess von Anfang an

Im Sommer duften
die Gärten
nach Pfefferminze

Kunsthandwerk aus Zweigen

An der Pumpe

EXIL

Wenn die Stille der Nacht
Dein Herz mit Schmerzen überflutet
wenn der Schlamm mit sich schleppende Nil
Dich an die verlassene Heimat erinnert
Und wenn das Blinken der Sterne
Deine Seele mit Bedauern erfüllt
Wenn der Gesang der Vögel im Morgengrauen
Dich traurig macht
Und das Echo eines lachenden Menschen
Erinnerungen vergessener Gesichter in dir hervorruft
Wenn dein Koffer immer noch gepackt ist und dich anschaut
Mit Verwunderung vielleicht
Wenn du viele Schuhe durchgelaufen hast
Trotzdem nirgendwo richtig angekommen bist
Wenn dein unfreundlicher Gastgeber dir die Tür zeigt
Die verschlossen bleibt
Wenn das Gedächtnis schwach wird
Und du langsam vergisst, was Freude je bedeutete
Wenn »das Zuhause« zu einer Fata Morgana wird
Eine Illusion, die dich quält
Dann beginnt das Exil.
Verlassenheit im Inneren deines Hirns
Leer
Ohne Melodie
Dein Hirn, dein eigenes Gefängnis
Dein Körper, dein eigenes Arbeitslager
Deine Gedanken, deine eigene Qual
Deine Seele - das Opfer
Deine Erinnerung, ein Gift
Das deine Hoffnung frisst
Und dir ewige Einsamkeit beschert
Als Schicksal.

Hama Tuma
aus: Of Spades and Ethiopians, Washington D.C. 1991
übersetzt von Tassew Shimeles

Interkultureller Austausch

Ein Paradies für Kinder

Logo der Internationalen Gärten

Rita Süssmuth zu Besuch in den Internationalen Gärten

Tag der offenen Tür

Teezeremonie

Brotbacken
im selbstgebauten Ofen

Sonntagnachmittag
im Garten

EXIL – MEIN LEBEN

Fremd ohne Vater und Mutter
Fremd ohne Freunde und Familie
Fremd ohne Land und Heimat
Wo sind meine Freunde und Helfer?
Wo sind meine Mutter und mein Vater?
Wo ist mein Land, meine Heimat?

Wir sind wie ihr
Wir haben auch Land und Felder
wie ihr
Wir haben auch Heimat und Kultur
wie ihr
Warum ist unser Schicksal so düster geworden?
Warum sind wir schon Waisen?
Warum diese frühe Einsamkeit?

Gefangen bin ich in der Fremde
Tag und Nacht
Waise bin ich und habe keine Helfer
Wie kann ich einsam überleben?
Wer erhört meine Schreie?
Wo sind Vater und Mutter?
Wie kann ich diesen Schmerz heilen?
Wie diese geschlagene Seele beruhigen?
Wie soll ich mich aus diesem
Gefängnis befreien?

Avin Mohammed, Kurdin aus dem Irak
und Mitglied der Internationalen Gärten

Erfahrungsaustausch

Kinder am improvisierten Ofen

Migration und Umweltkrise: Zur Bedeutung ökonomischer Globalisierungsprozesse

Der Göttinger Ausländerpfarrer Peter Lahmann erinnert gelegentlich daran, wie in den politisch eher linken Kreisen Göttingens zu Beginn der Projektaktivtäten der Internationalen Gärten davor gewarnt wurde, »Migranten in einen grünen Garten zu setzen«. Das wirke »entpolitisierend«. Stattdessen sei es erforderlich, sie von der Notwendigkeit zu überzeugen, in politischen Organisationen aktiv zu werden. Heute schauen viele Polit-Aktivisten mit Neid auf den beständig wachsenden Zulauf und Erfolg, den die Internationalen Gärten aufweisen können.

Die soziale Praxis in den Gärten ist weder »unpolitisch« noch politisch irrelevant. Sie wird ebenso wie die Migration selbst von den Akteuren in einen politischen, und das heißt in einen gesellschaftlich wie individuell-biographisch bedeutsamen Kontext gestellt. Die Ursachen für Flucht und Vertreibung werden reflektiert. Jedoch steht dabei ein Politikverständnis im Vordergrund, das Politik nicht reduziert auf die Frage der Kontrollausübung bezüglich Menschen und Ressourcen. Stattdessen wird der Blick geschärft für die Bedeutung, die die materielle, soziale und kulturelle Eigenversorgung hat, die somit erst gesellschaftlich sichtbar gemacht wird.

Die Community Gardens in New York City

Bereits die Forderung nach Land – und erst recht der Zugang zu Land – ist ein Politikum, das unter Umständen erstritten werden muss. So zeigt sich in der Stadt New York, dass die sehr erfolgreiche und sozial wirksame Tradition des Community Gardening seit einigen Jahren massiv bedroht ist.

Im Jahr 1999 existierten auf dem Territorium der Megacity etwa tausend Gärten, die von insgesamt 25 000 bis 30 000 New YorkerInnen gemeinschaftlich bebaut und von der städtischen Koordinationsstelle »Green Thumb« kostenlos mit Baumaterial, Erde, Pflanzen und Gartengeräten ausgestattet wurden (vgl. Grünsteidel 2000; Gröning 2002).

Unter Bürgermeister Rudolph Giuliani – »TIME Magazine's Mann des Jahres 2001« – kam es dann zu einer Privatisierungswelle im Zusammenhang mit der wachsende Kapitalisierung des städtischen Bodens und einer Umorientierung in der Bodenvorratspolitik, die eine Folge des wirtschaftlichen Aufschwungs New Yorks in den neunziger Jahren war (www.pacificnews.org/jinn/stories/6.04/000221-garden.html).

Betroffen davon sind die NutzerInnen der Community-Garden-Projekte, denen es in jahrelanger Kleinarbeit gelungen war, grüne Oasen in heruntergekommenen

Stadtvierteln zu schaffen (Stone 2002). Am Beispiel des sogenannten Broken-Windows-Phänomen kann gezeigt werden, wie bedeutend diese urbanen Subsistenzaktivitäten für das soziale Zusammenleben in Städten sind.

Die Broken-Windows-Theorie wurde auf der Grundlage eines Experiments von Philip Zimbardo im Jahr 1959 entwickelt. Der Psychologe stellte eine alte Limousine in der gutbürgerlichen amerikanischen Kleinstadt Palo Alto und eine in der New Yorker Bronx ab – bei beiden Autos montierte er die Kennzeichen ab, um zu demonstrieren, dass das Auto keinen Besitzer hat.

In der Bronx begannen Passanten bereits nach zehn Minuten mit dem Ausschlachten des Wagens, der nach einem Tag nur noch ein Wrack war, auf dem Kinder spielten und die Polstersitze aufschlitzten. Im idyllischen Palo Alto dagegen passierte zwar über eine Woche gar nichts, als aber Zimbardo eine Scheibe des Wagens zertrümmerte, dauerte es auch dort nur wenige Stunden, bis Passanten das Auto vollständig demoliert hatten.

Der Psychologe wollte mit dem Experiment zeigen, dass die Bereitschaft zu Zerstörung – und zu Kriminalität generell – dort am geringsten sei, wo das soziale Umfeld ziemlich genau der Idealvorstellung eines Hausbesitzers mit gepflegtem Vorgarten entspricht. Wird jedoch der Müll nicht mehr entsorgt oder stehen verrottete Autos in der Gegend herum, ziehen diese zunächst harmlos erscheinenden Phänomene schnell weitere zerstörerische Handlungen nach sich und verändern das Gesicht eines Ortes.

Die New Yorker Polizei reagierte auf die Wiederentdeckung von Zimbardos Theorie mit einer Politik der Null-Toleranz (»Zero Tolerance«). Jede Straftat, und sei sie noch so unbedeutend, wird gnadenlos verfolgt. Die Ursachen für eine Verschärfung der sozialen Ungleichheiten in der US-Metropole werden jedoch nicht beseitigt, im Gegenteil. Eine weitaus sinnvollere Konsequenz aus den Erkenntnissen Zimbardos würde meines Erachtens darin bestehen, die kommunale Daseinsvorsorge zu verteidigen und auszubauen statt sie zunehmend den Profitinteressen der Global Players zu opfern (siehe weiter unten zum Phänomen der Wasserprivatisierung).

In der Lower Eastside, in der Bronx oder in Brooklyn hat sich nämlich gezeigt, dass die Gartenaktivitäten außerordentlich positive soziale Auswirkungen sowohl auf die Lebensgestaltung der GärtnerInnen, die mehrheitlich aus armen, nicht weißen Bevölkerungsschichten stammen, als auch auf die Nachbarschaften, ja auf ganze Stadtviertel haben. Jugendliche begannen sich für die Sicherheit ihres Viertels einzusetzen, transkulturelle Erfahrungs- und Begegnungsräume entstanden und Brachflächen, die als unansehnliche Müllabladeflächen genutzt wurden, verwandelten sich in blühende Gemüsegärten.

Die erste gemeinschaftliche Aktion der GärtnerInnen besteht in der Regel darin, das Grundstück von »ausgebrannten Autowracks, Bauschutt, Abfall, Injektionsnadeln, Crackampullen« zu befreien und es sich in weiteren Aufräum- und Bestellungsarbeiten so anzueignen, dass es zu einem wirklichen Gemeinschaftsgut wird, das zukünftig von den NutzerInnen vor dem Eindringen der Drogen- und Zuhälterszene und weiteren Formen der sozialen und materiellen Verwahrlosung regelrecht verteidigt wird (vgl. Grünsteidel 2000 : 127).

Der Rückschlag in der städtischen Bebauungspolitik New Yorks zeigt, dass die Absicherung zukunftsorientierter Subsistenzprojekte wie den Community Gardens dringend einer Veränderung der politischen Rahmenbedingungen bedarf. Für die erfolgreiche Konstituierung von ökonomischen und sozialen Alternativen »von unten« sind strukturelle Veränderungen unverzichtbar. So müsste als prioritärer Akt der Zugang der Öffentlichkeit zu Land durch seine Behandlung als Gemeingut gesichert werden (vgl. die Forderungen von »La Via Campesina«). Eine solche politische Umorientierung rückt aber im Zuge der intensivierten Globalisierungsschübe eher weiter weg als näher heran. Nicht zuletzt aus diesem Grund gehört in ein Buch über die Internationalen Gärten unverzichtbar die Thematisierung des Zusammenhangs von ökonomischer Globalisierung, Migration und Umweltkrise.

Flucht vor der »Umwelt«

»Wenn schon Bananen, dann auch die Menschen.« So lautet ein Slogan der Eine-Welt-Bewegung, der zum Ausdruck bringt, dass westliche Konsummuster, internationaler Handel und Migration in einem ursächlichen Verhältnis zueinander stehen. Der Verein Internationale Gärten Göttingen ist ein Projekt, das vornehmlich von Menschen mit Fluchterfahrungen aufgebaut wurde. Als Flüchtling ist in der Genfer Flüchtlingskonvention eine Person definiert, die

»... aus der begründeten Furcht vor Verfolgung wegen ihrer Rasse, Religion, Nationalität, Zugehörigkeit zu einer bestimmten sozialen Gruppe oder wegen ihrer politischen Überzeugung sich außerhalb des Landes befindet, dessen Staatsangehörigkeit sie besitzt, und den Schutz dieses Landes nicht in Anspruch nehmen kann oder wegen dieser Befürchtungen nicht in Anspruch nehmen will; oder die sich als Staatenlose infolge solcher Ereignisse außerhalb des Landes befindet, in welchem sie ihren gewöhnlichen Aufenthalt hatte, und nicht dorthin zurückkehren kann oder wegen der erwähnten Befürchtungen nicht dorthin zurückkehren will.« (www.unhcr.org)

Insgesamt beziffern die Vereinten Nationen die Zahl der Menschen auf der Flucht und somit auf der Suche nach Sicherheit und neuen Lebensperspektiven auf ca. 100 Millionen. Dabei bilden die sogenannten Armutsflüchtlinge die Mehrheit der heutigen Migranten.

Ein bedeutender und beständig wachsender Teil der internationalen Fluchtbewegungen ist mittlerweile auf sogenannte Umweltursachen zurückzuführen. Der Leiter des UN-Umweltprogramms, Klaus Töpfer, geht von 22 bis 24 Millionen Umweltflüchtlingen aus (www.unep.org), das Internationale Rote Kreuz schätzt die Zahl der Umweltflüchtlinge sogar auf eine halbe Milliarde Menschen, währenddessen andere nationalstaatliche und supranationalstaatliche Institutionen das Phänomen der Umweltflucht beharrlich beschweigen. Auch das Völkerrecht und der UNHCR (Hohes Flüchtlingskommissariat der Vereinten Nationen) sehen keine Schutzmaßnahmen für Umweltflüchtlinge vor. Eine Ursache für dieses Phänomen ist neben diversen politischen Beweggründen die schwierige begriffliche Abgrenzung des Begriffs von Umweltflucht:

»... niemand flieht vor der Umwelt, niemand ist ›Umweltflüchtling per se‹. Wer flieht, weil sein Acker kein Bewirtschaften mehr erlaubt, verlässt seine Heimat, weil Alternativen zum Lebensunterhalt fehlen – also aus Armut. Wer flieht, weil aus ökologischen Problemen gesellschaftliche Brennpunkte wurden, wie in Ruanda, flieht letztlich vor Krieg und Gewalt. Oft ist Umweltzerstörung ein wichtiges Abwanderungsmotiv neben vielen anderen, selten jedoch nur das einzige.« (Biermann 2001; online-Dokument).

Frank Biermann nennt in seinem hochinformativen Überblicksartikel im »Parlament« vier große Ursachenfelder für Flucht aus Gründen der Umweltzerstörung. Unter das erste Feld der *übermäßigen regionalen Umweltverschmutzung* fasst er Schadstoffeinträge, die von heute auf morgen ganze Regionen unbewohnbar machen können. Als prominentes Beispiel hierfür gilt die atomare Katastrophe von Tschernobyl.

Abwanderungsgründe können auch Pestizidrückstände aus industrieller Landwirtschaft sein. In Kombination mit Bodenerosion und Versalzung führte dies z. B. am Aralsee bisher zur Flucht von 100 000 Menschen. Massive Schadstoffemissionen von Uran- und Goldabbau können ebenso zu Abwanderungsbewegungen führen wie Giftmülldeponierungen oder die Ölförderung, die die Subsistenzgrundlagen ganzer Landstriche auf unabsehbare Zeit zunichte macht.

Weitaus mehr Umweltflüchtlinge produziert laut Biermann das zweite Ursachenfeld der *schleichenden Degradation der Umwelt*:

»So sind von 1945 bis 1990 aufgrund menschlicher Einwirkungen über 1,2 Milliarden Hektar Land stark bis sehr stark degradiert worden, was in etwa der Gesamt-

fläche Indiens und Chinas entspricht. Drei Viertel dieser Bodenzerstörung fanden in den Entwicklungsländern statt, in denen viele Menschen essentiell auf ihr Land als Erwerbsquelle angewiesen sind. Die großen Dürren von 1968 bis 1973 zwangen allein in Burkina Faso eine Million Menschen zur Abwanderung. In Mexiko gelten über sechzig Prozent des Bodens als degradiert, und jedes Jahr vernichtet Bodenerosion dort 260 000 Hektar Acker- und Weideland.« (ebd.)

Ausgedorrtes Weideland

Ein immenser Teil des weltweit genutzten Agrarlandes ist bereits unfruchtbar, große Gebiete des Weidelandes sind übernutzt, die Meere sind überfischt und zugleich Giftmüllhalden der industriellen Produktion. Parallel dazu nimmt die Problematik des Mangels an zugänglichem Trinkwasser weltweit ebenso rasch zu wie die Gefahr von Überschwemmungen als Folge der Klimaerwärmung.

Bei Wasserkrisen und Bodenverarmung handelt es sich laut Biermann in den meisten Fällen um ein Armuts- und damit um ein inner- wie zwischenstaatliches Verteilungsproblem:

»Mittelbar wirken je nach Region unterschiedliche Faktoren: fehlgeleitete Bewässerungsprojekte wie am Tschadsee oder der Wechsel zum Anbau weltmarktfähiger Früchte, wie der Baumwolle, welche oft weniger Menschen beschäftigt und die übrigen zum Bewirtschaften randständiger Böden zwingt, soweit nicht andere Erwerbsmöglichkeiten entstehen. Die Mechanisierung der Landwirtschaft führte in einigen Gebieten zur Verdichtung, gesteigerten Erosion und über den Pestizideinsatz zur Bodenvergiftung; auch Versalzung des Ackerbodens und die Bohrung von Tiefbrunnen, die lokale Grundwasservorräte überbeanspruchen, schaffen ökologische Probleme.« (ebd.)

Tendenz steigend wird ebenfalls bei sogenannten von *Menschen verursachten »Naturkatastrophen«* als dritte zentrale Fluchtursache vermeldet.

»So zeigte Graeme Hugo in einer statistischen Auswertung aller Naturkatastrophen von 1976 bis 1994, dass die Zahl der Menschen, die durch solche Katastrophen ihre Heimat verlassen müssen, stark anstieg, besonders in Asien. Allein in Indien sind jedes Jahr durchschnittlich 15 Millionen Menschen von Naturkatastrophen betroffen ... Auch manche Gegenmaßnahmen zwingen Menschen zur Flucht. So wird geschätzt, dass zwischen 1949 bis 1992 in China über zehn Millionen Menschen wegen Dammbauten umgesiedelt werden mussten, die zum Teil auch dem Hochwasserschutz dienen sollen. Der gigantische Drei-Schluchten-Damm in China könnte weitere 1,3 Millionen Menschen zur Aufgabe ihrer Siedlungen zwingen.« (ebd.)

Politische Destabilisierung der sozialen Gefüge sieht Biermann als viertes Ursachenfeld für Flucht, die eng an die drei genannten Fluchtursachen gekoppelt ist:

»Bei einer Reihe jüngster Kriege, so im Tuaregkonflikt im westafrikanischen Sahel oder beim Zapatistenaufstand in Mexiko, spielte die Zerstörung der Umwelt eine Rolle. Die Menschen, die vor diesen Auseinandersetzungen fliehen, sind deshalb auch als ›Umweltflüchtlinge‹ zu verstehen ... Wie mit diesen Menschen politisch und völkerrechtlich umzugehen ist, ist bislang kaum in Ansätzen diskutiert worden. Der Wissenschaftliche Beirat der Bundesregierung Globale Umweltveränderungen (WBGU) betonte 1996 zu Recht, dass bei den Klimafolgeschäden Vorsorge Not tut. Denn ›da die drohenden Klimaänderungen ... von der ganzen Staatengemeinschaft – vor allem den Industrieländern – verursacht werden, müssen Umweltflüchtlinge auch unter den Schutz der gesamten Staatengemeinschaft gestellt werden.‹ ... entgegen manchen Bedrohungsszenarien in Industrieländern bleiben die meisten Umweltflüchtlinge in der Nähe ihrer verlassenen Heimat, noch im selben Land oder in Nachbarstaaten. 90 bis 95 Prozent aller weltweit grenzüberschreitenden Flüchtlinge fanden Zuflucht in (benachbarten) Entwicklungsländern und leben dort oft unter katastrophalen Bedingungen. Dabei führt die behelfsmäßige Ansiedlung der Flüchtlinge in ihren armen Gastländern vielfach zu weiterer Umweltzerstörung. Zum Beispiel hatte Malawi, ein Hauptaufnahmeland für Flüchtlinge aus Mosambik, 1990 zugleich die weltweit zweitgrößte Entwaldungsrate, mitverursacht zum Teil durch die hinzugewanderten Flüchtlinge.« (ebd.)

Die häufig unmögliche Grenzziehung zwischen Armutsflucht und Umweltflucht spiegelt wider, dass ökologischer Raubbau zu irreversiblen Schäden nicht nur in den Ökosystemen selbst, sondern häufig auch in den unmittelbar mit ihnen vernetzten lokalen und regionalen Ökonomien führen und damit ökonomische und soziale Grundlagen vernichtet. So nimmt es nicht Wunder, dass der Anteil der ärmsten 20 Prozent der Weltbevölkerung am globalen Einkommen in den letzten 30 Jahren von 2,3 auf 1,4 Prozent gefallen ist während der Anteil des obersten Fünftels ist im gleichen Zeitraum von 70 auf 85 Prozent anstieg.

Zum Spannungsfeld von Reichtumsproduktion und Umweltzerstörung

Der Wirkungszusammenhang von global organisierter Wirtschaft und lokaler Armutsproduktion tritt dabei immer deutlicher zu Tage. Eine UNCTAD-Studie ergab bereits 1996, dass die ärmsten Länder nicht nur nicht von der Globalisierung profitiert haben, sondern dass ihre marginale Stellung innerhalb der Weltökonomie noch verstärkt wurde (Die ZEIT, 25.5.1996: 18f.). Auch der 1998er UNDP-Bericht über die menschliche Entwicklung zeigt, dass weltweit eine Verschärfung der Ungleichheit zu beobachten ist; so konsumiert der afrikanische Durchschnittshaushalt um die Jahrtausendwende 20 Prozent weniger als noch 25 Jahre zuvor (vgl. UNDP 1998 : 2).

Der nicht nachhaltige westliche Lebensstil, eng gekoppelt an den hemmungslosen Zugriff der Global Players auf die Ressourcen, der langfristig nichts als ein »Loch im Boden« (Galtung) hinterlässt, ist die andere Seite des globalen Ursache-Wirkungs-Zusammenhangs, den Klaus Töpfer eher zurückhaltend so skizziert: »Die enge Beziehung zwischen Welthandel, landwirtschaftlichen Rohstoffen und Bodenverschlechterung demonstriert eindeutig den globalen Charakter des Problems.« (www.unep.org)

Dieser Zusammenhang ist erstmals im Terminus »Sustainable Development« oder »nachhaltige bzw. zukunftsfähige Entwicklung« begrifflich gefasst. Er erfuhr eine breitere Rezeption mit der Veröffentlichung des Abschlussberichts der UN-Brundtlandt-Kommission »Unsere gemeinsame Zukunft«. Der Brundtland-Bericht definiert »Sustainable Development« so:

»Dauerhafte Entwicklung ist Entwicklung, die die Bedürfnisse der Gegenwart befriedigt, ohne zu riskieren, daß künftige Generationen ihre eigenen Bedürfnisse nicht befriedigen können.« (Hauff 1987: 46)

Der der Forstwirtschaft entlehnte Nachhaltigkeitsbegriff – es soll nur so viel Holz geschlagen werden wie nachwächst – will also das Recht *aller* Menschen auf eine »angemessene wirtschaftliche Entwicklung« garantiert sehen (Hauff 1987: 46).

Im zeitlich synchron diskutierten Begriff des »Umweltraums«, der in den europäischen Nachhaltigkeits-Szenarien wie »Sustainable Netherlands« (Friends of the Earth Netherlands 1993) oder »Zukunftsfähiges Deutschland« (BUND/ Misereor 1996) eine zentrale Rolle spielt, ist die Gerechtigkeitsdimension sogar noch expliziter enthalten. Im niederländischen Szenario des »Umweltraums« wird jedem Menschen auf dieser Erde unabhängig vom individuellen Zugang zu Geld, Boden oder Technologie, ein etwa gleich großer Raum zugeordnet, der durch den ihm zur Verfügung stehenden Anteil an Energie, nicht erneuerbaren Ressourcen sowie landwirtschaftlichen Flächen definiert ist. Da der Umweltraum durch Verschmutzung laufend kleiner wird, könnte eine gerechte Neuverteilung der weltweiten Ressourcen den Menschen und ihrer Umwelt eine dauerhafte Zukunft sichern (van Brakel 1993: 14). Mit der Kategorie des »Umweltraums« ist es möglich, genau zu errechnen, ob und in welchem Ausmaß ein Land über seine Verhältnisse lebt.

Wenn auch die Frage, mit welchen Mitteln der Weg zu einer nachhaltigen gesellschaftlichen Entwicklung beschritten werden soll, selbst heftig umstrittener Bestandteil der Debatte ist (Sauerborn 1994), gelang es doch zumindest, über die Ökologiefrage den Anspruch auf gleichberechtigten Zugang aller zu den endlichen Ressourcen in den internationalen Diskussionen um die Zukunftsfähigkeit zu thematisieren.

Die Einbeziehung der normativen Kategorie der internationalen (aber auch intergenerationellen) Gerechtigkeit in die Debatten um die Zukunft der Menschheit ermöglicht damit einen neuen Blick auf Armuts- und Umweltfluchtphänomene. Und sie impliziert zugleich einen anderen Blick auf die Ursachen der mannigfachen und irreversiblen Schädigungen der Natur als Lebensgrundlage aller Menschen und zukünftiger Generationen.

Während nämlich der Ausstoß von Treibhausgasen steigt, und die Ozonschicht ebenso schnell schrumpft wie die Artenvielfalt und die kulturelle Vielfalt der regionalen Ökonomien, wird auf der anderen Seite vom World Energy Council eine Steigerung der Energienachfrage bis zum Jahr 2020 um 50 bis 70 Prozent prognostiziert. Dass Emissionen und Umweltverbrauch in den Industrieländern um 80 bis 90 Prozent reduziert werden müssten, um das Nachhaltigkeitsziel der UN-Brundtland-Kommission zu erreichen, erscheint angesichts der aktuellen Weltwirtschaftspolitik utopisch.

Im Gegenteil: Seit Anfang der neunziger Jahre erfährt der Neoliberalismus eine Renaissance. Organisiert wird der lückenlose Zugriff auf die letzten Ressourcen über das politische Instrument der Liberalisierung der Weltwirtschaft, also über den Versuch der Aufhebung möglichst aller ökologisch oder sozial motivierter

Begrenzungs- und Schutzmaßnahmen. Restriktionen dieser Art wären beispielsweise Gewässerschutz- oder Landschaftsschutzverordnungen, biologischer Artenschutz oder auch arbeitsrechtliche und Arbeitsschutzbestimmungen, wie sie Gewerkschaften durchgesetzt haben. Globalisierung impliziert die Beseitigung möglichst vieler »Handelshemmnisse« und fördert damit die Öffnung aller lokalen und regionalen Märkte für den Weltmarkt – und sei es nur als abhängige Konsumenten. Dieser Prozess verläuft im Süden anders als im vergleichsweise privilegierten Norden. Ein Beispiel aus Afrika, das Deregulierung als unmittelbaren Zugriff auf regionale Märkte illustriert:

Die Europäische Union subventioniert seit vielen Jahren den Export lebender Rinder aus den Mitgliedsländern unter unsäglichen Transportbedingungen auf afrikanische Märkte, wo sie zu Dumpingpreisen verkauft werden. Mit dem Ergebnis, dass die nomadischen Viehzüchter, die bis dato ihr Auskommen in traditionell gewachsenen regionalen Wirtschaftsstrukturen hatten, nun ihr eigenes Rindfleisch auf den heimischen Märkten nicht mehr absetzen können, weil das hochsubventionierte europäische Fleisch aus der Massentierhaltung billiger angeboten wird.

Die EU verfolgt eine doppelte Strategie mit ihrem Eindringen auf gewachsene Märkte: Einerseits wird sie ihre Fleischüberschüsse los, deren Tiefkühlhaltung über den Transportkosten liegen würden und befriedet gleichzeitig mit den hohen Exportsubventionen, die zum Teil über den heimischen Preisen liegen, die europäischen Landwirte. Andererseits zerstört sie traditionelle ökonomische Strukturen, das heißt, die Menschen verlieren ihre regional eingebetteten Produktionsbereiche und werden vom Kauf abhängig. Auf diese Weise kann die EU neue Märkte erschließen; nicht nur für Fleisch, sondern auch für industrielle Nachfolgeprodukte.

Für die afrikanischen Viehzüchter und ihre Großfamilien bedeutet diese klassische Kapitalstrategie den endgültigen Abschied von würdevollen Lebens- und Arbeitsverhältnissen auf regional eingebetteten Märkten und den direkten Weg in die Verelendung. Vermutlich ziehen sie in die Slums der großen Städte und verbringen dort ihr weiteres Leben mit Schuheputzen und Prostitution.

Globalisierung bedeutet also unter anderem, dass die durch ihre regionalen Einbettungen kulturell, sozial und/oder staatlich geschützten Märkte dereguliert werden, was in der Regel zu tiefen Einschnitten in die sozial-ökonomisch-kulturellen Strukturen führt, die durch den forcierten Prozess der Trennung der ProduzentInnen von ihren Produktionsmitteln international aneinander angeglichen werden. So wird der Lebensrhythmus weltweit zunehmend vom Rhythmus des Geldes und der »Notwendigkeit« seiner Vermehrung bestimmt, wie Altvater und Mahnkopf (1996: 120) betonen:

»Die Laufzeiten von Krediten bestimmen den Rhythmus des globalen Zeitregimes. Fälligkeiten von Schulden – und nicht mehr Erntezyklen wie in der Agrargesellschaft oder Umschlagszeiten des fixen Kapitals wie in der ›großen Industrie‹ – definieren den Aktionshorizont und die Periodizität der Zyklen im globalisierten Finanzkapitalismus.«

Globalisierung besteht in dem Versuch, Unendlichkeit in einer durch die Zyklen der Natur begrenzten Welt zu imaginieren und auch herzustellen. Das eigentlich Neue an der Globalisierung ist laut Altvater/Mahnkopf, dass die Exploration und Eroberung der globalen Räume dazu geführt hat, dass es keine weißen Flecken mehr auf der Landkarte gibt. Das bedeutet jedoch nicht, dass damit die Globalisierung abgeschlossen wäre:

»Der Drang in den planetarischen und transgalaktischen Raum ist ungebrochen, und er richtet sich auf die Mikro- und Nanostrukturen des Lebens, auf die genetischen Zusammenhänge, weil in ihnen mögliche Erwerbsquellen aufgedeckt werden könnten. Globalisierung ist also mehr als Expansion. Es handelt sich dabei auch um Beschleunigung und Usurpation.« (ebd.: 42)

Globalisierung, Flucht und Frauen

Am Beispiel der Folgen, die die EU-Interventionsstrategie auf die betroffenen Menschen vor Ort hat, deutet sich zugleich an, dass Globalisierung ein Prozess ist, der nicht geschlechtsneutral verläuft. Vielmehr rekurriert er auf geschlechtliche Unterschiede und (re-)produziert sie zugleich. (Werlhof/Mies/Bennholdt-Thomsen 1983; Young 1998)

Globalisierung hat für das Gros der Frauen eindeutig andere Auswirkungen als für das Gros der Männer. Im Zuge der Herausbildung der internationalen Arbeitsteilung entstand historisch auch eine neue Form der geschlechtlichen Arbeitsteilung, in der Männer tendenziell auf Geldeinkommen gerichtete Tätigkeiten, und Frauen nicht oder schlecht bezahlte, und damit gesellschaftlich niedrig bewertete Arbeiten zur Sicherung des Überlebens verrichten. Kennzeichen dieses Prozesses der »Hausfrauisierung« werden allerdings auch auf andere, zunächst »weibliche« Arbeitsbereiche übertragen – Hausfrauisierung ist für Maria Mies strukturelle Bedingung für die Entwertung *aller* weiblichen Erwerbsarbeit im Kapitalismus (Mies 1983: 118). Hausfrauisierte Arbeitsverhältnisse gewinnen jedoch auch zunehmend Bedeutung in den bislang privilegierten Lohnarbeitsverhältnissen – z. B. in den weltweit zunehmenden Niedriglohnsektoren der Freihandelszonen (Werlhof).

Die Hausfrau ist aus dieser feministischen Perspektive für die Metropolen das, was die Marginalisierten und Kleinbauern für die Peripherie sind, nämlich Produzentin billiger Arbeitskraft. Und insofern wiederholt sich im Verhältnis Erste und Dritte Welt das Verhältnis zwischen Mann und Frau: Ungleicher Tausch, Aneignung unbezahlter Arbeit, Abhängigkeit und Gewalt sind kennzeichnend für die Verhältnisse hier wie dort, was wiederum nicht automatisch bedeutet, dass diese strukturellen Ähnlichkeiten auch zu einer Angleichung der Lebenswirklichkeiten führen würde (Werlhof/Mies/Bennholdt-Thomsen 1983).

Ein wesentliches Resultat der im Zuge der Globalisierung durchgeführten Deregulierungs- und Privatisierungsmaßnahmen ist ein Anwachsen des sogenannten Dienstleistungssektors, der überall auf der Welt immer schon von Frauen dominiert war. Das heißt aber noch lange nicht, dass Frauen deshalb jetzt bessere Jobs bekämen oder mehr verdienen würden. Im Gegenteil: Nach Schätzungen des UN-Entwicklungsprogrammes (UNDP) werden lediglich 34 Prozent der von Frauen geleisteten Arbeit weltweit bezahlt (UNDP 1995, zit. in Lachenmann/Brühl 1997: 86).

Überall ist eine kontinuierliche Zunahme der Arbeits- und Lohnhierarchien festzustellen. Frauen sind am unteren Ende angesiedelt. Der Trend der Feminisierung der Armut ist seit Jahrzehnten ungebrochen. Siebzig Prozent der 1,3 Milliarden Arme sind Frauen. Nach wie vor haben die bereits in den achtziger Jahren von der UNO erhobenen Zahlen geradezu bleiernen Bestand in einer »Welt in Bewegung«: Zwei Drittel aller gesellschaftlich notwendigen Arbeiten werden weltweit von Frauen verrichtet, dafür erhalten sie zehn Prozent aller Löhne und verfügen über ein Prozent der Produktionsmittel.

Auch wenn weltweit in den letzten 20 Jahren die Frauenerwerbsquote von 36 Prozent auf 40 Prozent stieg, ging dieser Anstieg jedoch einher mit einer Informalisierung der Arbeitsverhältnisse. Das bedeutet nicht, dass das vermeintliche »Normalarbeitsverhältnis« zunahm. Was zunahm waren vielmehr geringfügige Beschäftigungsverhältnisse, Heimarbeit und Teilzeitarbeitsverhältnisse. Dabei wurde die Lohnungleichheit im Geschlechterverhältnis ebenso verschärft wie die empirisch beobachtbare Tatsache der Konzentration von Frauen auf einige wenige Tätigkeitsbereiche am unteren Segment der Arbeitshierarchien wie Pflege oder Gebäudereinigung (vgl. Klingebiel/Randeria 1998).

Shalini Randeria spricht in diesem Zusammenhang von »post-kolonialen Kontinuitäten« und davon, dass die Dienstleistungsgesellschaften erneut zu »Dienstmädchengesellschaften« werden (ebd.: 20).

Als Nebeneffekt einer Verschärfung des ungleichen Zugangs der Geschlechter zu ökonomischen Mitteln finden weltweit zugleich partielle Veränderungen im

Geschlechterverhältnis statt. So werden Frauen oftmals als Gewinnerinnen der Globalisierung bezeichnet, weil sie in den arbeitsintensiven Branchen der Niedriglohnländer leichter Lohnarbeitsplätze finden als Männer, was wiederum Auswirkungen auf das individuelle Geschlechterverhältnis haben kann. Allerdings, so Christa Wichterich, fungieren Frauen als *»... Durchlauferhitzer des exportorientierten Wirtschaftswachstums. Billig, flink und flexibel sind sie ein Standortvorteil und entsprechen dem Anforderungsprofil des Arbeitsmarktes besser als Männer. Doch die ›Feminisierung der Beschäftigung‹ bewahrt viele Frauen nicht vor Armut und geschlechtsspezifischer Diskriminierung: Sie bleiben im ›Pink-Ghetto‹ frauentypischer Berufe, die Arbeitsbedingungen sind hart, die Löhne sind miserabel.«* (Wichterich 1998, Klappentext)

Wichterichs These lautet: Frauen werden in den Weltmarkt integriert und zugleich wieder marginalisiert (Wichterich 1998: 13). Denn die billige Arbeitskraft von Frauen ist immer wieder das Sprungbrett von Volkswirtschaften in den Weltmarkt:

»Der Standortvorteil der neuen Exportökonomien waren Billigstlöhne ohne Lohnnebenkosten, schwache Gewerkschaften und starke Steuer- und Investitionsvergünstigungen. T-Shirts, Schuhe und Chips fungierten als klassische Einstiegsprodukte der Billiglohnländer in den Weltmarkt, weibliche Arbeitskräfte als wichtigste ›natürliche‹ Ressource. Der Beschäftigungsanteil von Frauen (liegt) in den Exportfabriken bei 70 bis 90 Prozent.« (ebd.: 15)

Klingebiel und Randiera (1998) halten die Direktinvestitionen in die exportorientierte Produktion für ein wesentlich migrationsförderndes Element, weil sie häufig die Subsistenzgrundlagen vernichten und zugleich wegen dem hohen »Verschleiß« der Arbeitskraft keinerlei soziale Absicherung entgegensetzen. Ebenso wie Globalisierung geschlechtsspezifisch wirkt, ist konsequenterweise auch von einer Feminisierung der Migration die Rede. Siebzig bis 90 Prozent der Flüchtlinge weltweit sind Frauen und Kinder. Dabei werden vor allem folgende Faktoren als ursächlich für diesen hohen Anteil genannt:

Kriege betreffen in der Regel die Zivilbevölkerung in besonderem Maße, und die besteht mehrheitlich aus Frauen, Kindern und alten Menschen. Zum anderen gilt die Feminisierung der Armut selbst als migrationsförderndes Element. Frauen werden zudem häufig in Geiselhaft genommen, als Verwandte von Oppositionellen oder aufgrund der Übertretung von frauenverachtenden Verhaltenskodizes verfolgt (allein die unsägliche Praxis der Genitalverstümmelung machte weltweit bereits 135 Millionen Frauen zum Opfer) und sind als Zivilbevölkerung marodierenden militärischen und paramilitärischen Banden ausgeliefert.

Hinzu kommt, dass die Bedingungen für Frauen auf der Flucht ungleich schlechter sind, weil sie in größerem Ausmaß männlicher Gewalt ausgeliefert sind und strukturellen Gewaltverhältnissen nur selten eigenorganisatorische Macht wie Frauennetzwerke der gegenseitigen Unterstützung entgegensetzen können (vgl. Baier/Bauer 1989).

Privatisierung der Gemeingüter: Das Beispiel Wasser

Frauen sind es auch, die von den fluchtinduzierenden globalen Tendenzen der Privatisierung der Gemeingüter am meisten betroffen sind. Weil mehrheitlich sie für die Versorgung der Haushalte zuständig sind, trifft es Frauen besonders, wenn sie keinen gesicherten Zugang zu (sauberem) Wasser bzw. generell zu akzeptablen Umweltbedingen haben.

Der Konflikt zwischen den multinational agierenden Konzernen samt ihrer politischen Vertreter auf der einen Seite und den materiellen und immateriellen Bedürfnislagen der unterschiedlichen Öffentlichkeiten auf der anderen Seite lässt sich beschreiben als einen Konflikt entlang der Grenze von Ressourcennutzung zur Maximierung von Kapital einerseits und andererseits Ressourcennutzung zur Sicherung des Lebens, kurz: zum Erhalt der lokalen und globalen Gemeingüter oder Commons.

Öffentliche Güter und Räume stehen mittlerweile auch in den privilegierten Ländern und Regionen der Welt zur Disposition: Privatisierungsexzesse bedrohen heute die Wasser- und Gesundheitsversorgung als Bestandteile kommunaler und staatlicher Daseinsvorsorge ebenso wie das Bildungswesen und andere öffentliche Güter. Dieser Zusammenhang wird am Beispiel der vielfältigen Versuche, die Wasserversorgung zu liberalisieren bzw. zu privatisieren, deutlich:

»Besorgniserregenden Prognosen zufolge werden bereits im Jahr 2025 ein Drittel aller Menschen unter akutem Wassermangel leiden. Wasser spielt eine Schlüsselrolle bei der Versorgung der wachsenden Weltbevölkerung. Als Konsequenz ist zu befürchten, dass die Konflikte dieses Jahrhunderts zunehmend um Wasserressourcen geführt werden.« (Pressedienst des Bundesumweltministeriums 60/01, 20.3.2001)

Wasser wird durch Umweltzerstörung und übermäßigen Verbrauch weltweit zur Mangelware. Süßwasser macht lediglich 2,5 Prozent der Wasservorräte aus – davon wiederum steht nur ein Bruchteil als Trinkwasser zur Verfügung (Hoering 2001 : 3). In der globalen Knappheit der Wasserressourcen ist der Grund für die wachsenden Kommerzialisierungsbemühungen des Gemeingutes Wasser zu finden,

die den Verknappungsprozess erheblich verschärfen. Bereits heute haben weltweit 1,1 Milliarden Menschen keinen Zugang zu Trinkwasser (ebd.). Gleichzeitig wächst der Wasserbedarf der Industrie, insbesondere der Agrarindustrie, enorm. So benötigt die Produktion einer Tonne Rindfleisch bzw. einer Tonne Baumwolle 15 000 Tonnen Wasser. Im Vergleich dazu verbraucht die Produktion einer Tonne Getreide »nur« 1 000 Tonnen Wasser. Ein Auto benötigt im Herstellungsprozess 300 000 Liter Wasser, ein Kilogramm Papier zwischen 400 und 1 000 Litern, ein Apfelsine 50 Liter, und eine Bierdose, in die ein Drittel Liter Flüssigkeit passt, verbraucht 40 Liter (Kocher 2001: 54).

Der mit Abstand größte Wasserverschwender ist die industrielle Exportlandwirtschaft; zu deren Lasten 70 Prozent des weltweiten Wasserverbrauchs gehen. Die nicht landwirtschaftliche Industrie folgt mit etwa 20 Prozent (Hoering 2001: 3).

Bereits Anfang der neunziger Jahre wurde prognostiziert, dass die Privatisierung des Wassers *die* Megaindustrie des neuen Jahrtausends hervorbringen würde (Paquerot/Revil 2001). Deshalb verwundert es nicht, dass die Privatisierungsaktivitäten unter dem Dach der Welthandelsorganisation WTO durchgeführt werden. Im Rahmen des in der WTO verhandelten Welthandelsabkommens über Dienstleistungen GATS (General Agreement on Trade in Services) soll der Handel mit Dienstleistungen schrittweise von allen staatlich induzierten Beschränkungen wie z.B. Umweltgesetzgebungen oder der Verpflichtung zu kommunaler Daseinsvorsorge liberalisiert werden. Zu Dienstleistungen wird der öffentliche Dienst ebenso gezählt wie das Gesundheitswesen, das Bildungswesen, die soziale Sicherheit, das Transportwesen und eben auch die Wasserversorgung.

Die erweiterten GATS-Verhandlungen sollen die Übernahme der öffentlichen Dienste durch transnationale Dienstleistungsunternehmen unter anderem dadurch erleichtern. So sollen sie den Regierungen die Beweislast dafür auferlegen, dass alle ihre nationalen Gesetze und Vorschriften zum Umwelt- und Arbeitsschutz auf keinen Fall handelsbeschränkend seien (»Notwendigkeitstest«), um somit eine Beschleunigung des Zugangs der global agierenden Unternehmen zu den gewinnträchtigen heimischen »Märkte« Wasserversorgung, Bildung und Gesundheit zu garantieren.

Als eine wichtige zu beseitigende Barriere zählt dabei die staatliche bzw. kommunale Daseinsvorsorge als Voraussetzung dafür, dass die Pflege und Verteilung eines Gemeinguts wie Wasser bislang in der Hand der nicht-profitorientierten kommunalen Behörden lag.

Und dies ja auch aus gutem Grund. Wasser ist eines der grundlegenden Versorgungsgüter bzw. Voraussetzung für jegliches Leben überhaupt und kann von daher keine Handelsware sein. Dies wurde bislang selbst von der klassischen ökonomischen Lehre anerkannt. In volkswirtschaftlichen Lehrbüchern wird der Sachverhalt der öffentlichen Daseinsvorsorge explizit aus dem Marktgeschehen ausgeklammert. Hardes u.a. schreiben:

»Öffentliche Monopolunternehmen … sollen ein flächendeckendes Angebot mit wichtigen Versorgungsgütern der Haushalte und anderer Unternehmen liefern. Deshalb unterliegen öffentliche Monopolunternehmen Regelungen eines Kontrahierungszwangs (gesetzliche Verpflichtung zum Vertragsabschluss aufgrund der gemeinnützigen Zweckbestimmung) *und verpflichtender Lieferungskonditionen, um eine allgemeine Sicherheit und Qualität der Leistungen zu gewährleisten, unabhängig von unterschiedlichen regionalen Bedingungen … Ferner wird eine potentielle Konkurrenz privatwirtschaftlicher Unternehmen verhindert (Ausschluss von Marktzutritten.«* (Hardes u.a. 1995: 149)

Hardes u.a. (ebd.: ff) begründen ökonomisch, dass die besondere Markt- und Kostenstruktur der natürlichen Monopole im Falle der Privatisierung der Trinkwasserversorgung zu Problemen der Preisgestaltung, Marktversagen und anderen

»Marktverirrungen« führen müsse. Die Erfahrungen mit der Wasserliberalisierung in Europa bestätigen denn auch diese theoretischen Annahmen: So privatisierte Großbritannien 1989 die Wasser- und die Abwasserversorgung komplett. Mit dem Resultat, dass sich die Umsätze fast verdoppelten, die Gewinne um das Zweieinhalbfache und die Direktoren- und Managementgehälter sogar um das Viereinhalbfache stiegen. Auf der anderen Seite verdoppelten sich die Konsumentenpreise. Zwei Millionen Briten waren 1994 im Zahlungsverzug und 12 500 Haushalten wurde das Wasser abgestellt (Infobrief Nr. 5: 32 f.).

Die drastischsten Beispiele kommen wie immer aus den Ländern des Südens. Toralf Staud hat auf dem Weltsozialgipfel in Porto Alegre über die Auswirkungen der Liberalisierungspolitik, die primär von Weltbank und IWF (Internationaler Währungsfonds) forciert wird, recherchiert und die Ergebnisse in der ZEIT (6/2002) festgehalten:

»Die Wassergesellschaft der südafrikanischen Provinz KwaZulu-Natal drehte nach der Privatisierung denen, die zu arm waren, ihre Rechnungen zu bezahlen, die Hähne zu. Als die Leute daraufhin verschmutztes Flusswasser tranken, brach eine Choleraepidemie aus, die 32 Menschenleben kostete.

In der argentinischen Provinz Tucuman stiegen die Wasserpreise nach der Privatisierung um 104 Prozent. Ein breit organisierter Zahlungsboykott erreichte, dass der Verkauf rückgängig gemacht wurde.

In Ghana zwangen Weltbank und Währungsfonds die Regierung, die Subventionierung der Wasserpreise aufzugeben und eine Privatisierung der Wasserversorgung vorzubereiten. Der Preis verdoppelte sich. Daraufhin schlossen sich unterschiedlichste gesellschaftliche Gruppen zu einer Nationalen Koalition gegen die Privatisierung von Wasser zusammen.

Im kanadischen Vancouver wurde im Sommer 2001 die Privatisierung der regionalen Wasserwerke von einer Organisation namens Water Watch gestoppt, einem breiten Bündnis aus Umweltgruppen, Gewerkschaften, sozialen Initiativen, Kirchen und Bauern.

In Cochabamba, der drittgrössten Stadt Boliviens, wurde im Frühjahr 2000 das städtischen Wasserunternehmen an den US-Konzern Bechtel verkauft. Auch hier stiegen die Preise drastisch. Auch hier formierte sich Widerstand. Es kam zu Massenprotesten, die Polizei antwortete mit Tränengas, Gummigeschossen und schließlich scharfer Munition. Die Regierung verhängte den Ausnahmezustand, Gewerkschafter und Gemeindesprecher wurden verhaftet und verbannt. Fünf Menschen starben nach Angaben von amnesty international bei diesem mehrwöchigen Krieg um Wasser. Am Ende gewann die ›Koordination zur Verteidigung des Wassers und des Lebens‹. Bechtel zog sich zurück.« (Die ZEIT 6/2002)

In den Niederlanden erlitt die begonnene Privatisierung der Wasserwirtschaft zunächst einen schweren Rückschlag, als bekannt wurde, dass die Trinkwasserverseuchung mit Legionellen aus Profitgründen vertuscht werden sollte. Der entscheidende Unterschied zwischen kommunaler Daseinsvorsorge und kommerziell betriebener Wasserwirtschaft liegt eben in der *Motivation* des Wirtschaftens.

Der Wirtschaftsanthropologe und -historiker Karl Polanyi hielt die Transformation von Arbeit und Boden (Natur) in Waren für den entscheidenden historischen Schritt in eine »sich selbst regulierende Wirtschaft«. Polanyi spricht in diesem Zusammenhang von einer »Fiktion«, von einem »Markttrauma«. Denn weder menschliche Arbeitskraft noch Natur seien Waren, weil sie entweder nicht produziert würden (Natur) oder wenn, dann nicht für den Verkauf (Arbeitskraft); sie würden lediglich so behandelt, als sei dies der Fall (Polanyi 1979: 131 f.). Doch erst durch den freien Kauf und Verkauf konnten Arbeit und Boden dem Marktmechanismus unterworfen werden; erst auf diese Weise entstanden sowohl Angebot als auch Nachfrage nach diesen »Waren« und gleichzeitig entstand der Glaube, diese konstruierten Marktgesetze seien Ausdruck der »natürlichen« Funktionsweise der Gesellschaft.

Polanyi hat versucht, den destruktiven Charakter der Warenproduktion mit der Kategorie der Entbettung der Ökonomie aus der Gesellschaft zu erklären. Er geht davon aus, dass die Wirtschaftsordnung in nicht-kapitalistischen Gesellschaften lediglich eine Funktion der Gesellschaftsordnung darstelle. Die wirtschaftliche Tätigkeit des Menschen sei in seine Sozialbeziehungen eingebettet. In der marktwirtschaftlichen Gesellschaft habe sich dagegen im historischen Prozess der »Großen Transformation« die Ökonomie der Gesellschaft »bemächtigt«. Nun bestimme nicht mehr die Gesellschaft über Form, Ausgestaltung und Beschränkung ökonomischer Aktivitäten, sondern »die Ökonomie« unterwerfe »die Gesellschaft« der ihr eigenen Verwertungslogik.

Die Herausbildung der liberalen Marktwirtschaft hätte – erstmals in der Geschichte – zu einer »Verselbstständigung« des Marktes gegenüber der Gesellschaft und damit zu einer »autonomen« Wirtschaft geführt, die die gesellschaftlichen und politischen Prozesse »kolonisiere«. Die Beherrschung des Wirtschaftssystems durch den Markt sei von entscheidender Bedeutung für die Gesamtstruktur der Gesellschaft, die zum »Anhängsel des Marktes« degradiert werde:

»Die Wirtschaft ist nicht mehr in die sozialen Beziehungen eingebettet, sondern die sozialen Beziehungen sind in das Wirtschaftssystem eingebettet.« (Polanyi 1978: 88 f.)

Dieser äußerst heterogenen Metaphern von Macht und Unterwerfung, die den Markt als quasi verselbstständigte, von der »eigentlichen« Gesellschaft abgetrennten sozialen Akteur beschreibt, liegt ein Ökonomieverständnis zugrunde, das die Mehrwertproduktion nicht mit der gesamtgesellschaftlichen Interessenlage kompatibel sieht. Mehr noch: Sie funktioniert entgegen den Erfordernissen der Gesellschaft. Trotz aller Kritik, die an einer solchen Rezeption von Ökonomie und Gesellschaft berechtigterweise geübt wurde (vgl. im Überblick Müller 1998: 37 ff.), zeigt sich heute in der Tat, dass der totalitäre Anspruch des Marktes auf »Selbstverwirklichung« nichts kennt außer sich selbst.

Dieses Faktum wurde in Europa mit der BSE-Krise noch einmal deutlich vor Augen geführt. Das im Januar 2001 von der rot-grünen Bundesregierung umgewidmete Verbraucherschutzministerium trat damals mit einem historisch beispiellosen Enthusiasmus an, die Verbraucher vor dem Markt zu schützen – und räumte den gesundheitlichen Interessen der Konsumenten, den Lebensbedingungen der »Nutztiere« und der Qualität der Lebensmittel explizit Priorität vor dem Vermarktungsinteresse der Produzenten ein. Gilt sonst das neoklassische Credo, was dem deregulierten Markt nutzt, bringt automatisch der Gesamtgesellschaft Segen, zeigte die BSE-Krise deutlich, dass das Gegenteil der Fall ist. Das führt dazu, dass die politische Exekutive, sonst Erfüllungsgehilfin einer marktorientierten Wirtschaftspolitik, plötzlich den Gebrauchswert der Güterproduktion thematisierte, und nicht nur das, ihm sogar explizit Vorrang vor ihren Tauschwert einräumte.

Abgesehen von der Frage, ob eine solche Orientierung innerhalb der globalisierten Marktordnung langfristig realistisch ist, liegt die Relevanz der Debatte um den Schutz der VerbraucherInnen vor dem Markt nicht zuletzt auch in ihrer symbolischen Bedeutung: Wer nach Herkunft und Herstellungsbedingungen von Fleisch fragt, tut dies zwangsläufig auch in Bezug auf andere Produkte.

Neoliberale Positionen befinden sich derzeit – zumindest in Westeuropa – in einer paradoxen Situation: Einerseits dominieren sie die zentralen Felder von Politik und Markt, andererseits sind sie konfrontiert mit einer massiven Legitimationskrise. In nahezu allen europäischen Ländern sieht sich das Krisenmanagement genötigt, euphorisch getätigte Liberalisierungsmaßnahmen kleinlaut wieder zurückzunehmen. In Frankreich ist man dabei, massiv gegen EU-Gesetze zu verstoßen und die Agrarpolitik zu re-nationalisieren. Deutsche Krankenkassen, erst vor kurzem »in den Wettbewerb entlassen«, werden jetzt per staatlicher Verordnung dazu verpflichtet, Mindestbeiträge zu erheben. In Südafrika wird das TRIPS-Abkommen zum Schutze »geistigen Eigentums«, also Patente auf Medikamente, offen verletzt, um Aids-Kranke behandeln zu können, was von

Politik und Presse als Erfolg der »Menschlichkeit« gegenüber dem Markt gefeiert wurde.

Und zu guter Letzt erscheint das Schengener Abkommen zur Abschaffung der Grenzkontrollen unter der Ägide von MKS (Maul- und Klauenseuche) grotesk. Mit der Dekonstruktion der innereuropäischen Grenzen entstehen neue, zuvor unbekannte Limitationen, die jetzt nicht mehr Nationalstaaten voneinander abgrenzen, sondern Regionen von Nachbarregionen, Menschen von Tieren, Menschen von Menschen und alle Lebewesen von ihren unmittelbaren Lebensgrundlagen. Die WOCHE schrieb am 23.3.01:

»... aus dem Traum vom Europa ohne Grenzen wird vorerst nichts. Kaum jemals nach dem Ende des Zweiten Weltkrieges waren die Grenzkontrollen so scharf wie dieser Tage. Ein Kontinent im Ausnahmezustand: Männer in Schutzanzügen besprühen Autos mit Desinfektionslösung, Zollbeamte konfiszieren Butterbrote, eine Dose britisches Cornedbeef wird wie Sondermüll entsorgt ... Elbschiffer müssen ihre Füße vor dem Landgang in Säurebäder tauchen ... Bauern dürfen ihre Ländereien nur durch Desinfektionsschleusen verlassen, Hunderttausende von Tieren werden umgebracht. Veterinäre verwandeln das französische Departement Mayenne und die befallenen Grafschaften in Großbritannien in ›Killing Fields‹. Auf manchen Höfen stapeln sich die Kadaver nach dem Bolzenschuss, weil man mit dem Verbrennen nicht nachkommt. Sogar das Erdreich darunter muss desinfiziert und entsorgt werden.«

Die fatalen Effekte von Freihandelsabkommen

In Kenntnis der Tatsache, dass das Profitmotiv des Wirtschaftens nur schwerlich mit dem Versorgungsmotiv zu vereinbaren ist, werden beide in Freihandelsabkommen strikt voneinander getrennt. Freihandelsabkommen wie NAFTA (North American Free Trade Agreement zwischen Kanada, Mexiko und USA) verbieten es nationalen Regierungen beispielsweise, an ausländische Investoren - zumeist in Gestalt transnationaler Konzerne - Forderungen zu stellen wie die Einhaltung von Umweltstandards oder Frauenarbeitsrechten, die Arbeitsplatzsicherung oder die Reinvestition von Gewinnen. Freihandelsabkommen erlauben es transnationalen Konzernen auch, Regierungen mit immensen Schadensersatzklagen zu überziehen, wenn diese sich weigern, einer Investition aus sozial oder ökologisch motivierten Bedenken heraus zuzustimmen. Denn das käme einer »indirekten Enteignung« gleich.

In Kanada hat es bereits einen Präzedenzfall gegeben. Auf der Grundlage des nordamerikanischen Freihandelsabkommens verklagte der Konzern *Ethyl-Corporation* den kanadischen Staat auf Schadensersatz in Höhe von 251 Millionen Dollar. Kanada hatte im April 1997 ein Gesetz zum Verbot der hochtoxischen Substanz MMT in Benzin erlassen. *Ethyl Corporation* ist der Hersteller von MMT und klagte erfolgreich wegen »indirekter Enteignung« in Form entgangener Profite. Wegen der eindeutigen Rechtslage zu Gunsten des Konzerns verzichtete die kanadische Regierung auf die Einleitung eines Verfahrens, nahm das Verbot von MMT zurück und leistete eine Kompensationszahlung von 13 Millionen Dollar - alles zu Lasten der Steuerzahler sowie des Umwelt-, Verbraucher- und Arbeitsschutzes.

Auch der mexikanische Staat, ebenfalls NAFTA-Mitglied, wollte einer kalifornischen Müllentsorgungsfirma verbieten, Sondermüll abzulagern. Die Firma klagte erfolgreich auf Schadensersatz.

Ein weiteres, wenn auch vorläufig vergleichsweise harmloses Beispiel für die Kriminalisierung vorsorgenden staatlichen Handelns ist die Beschwerde der EU-Kommission für Wettbewerb gegen eine Empfehlung des deutschen Umweltbundesamtes an die Verbraucher, regionale Getränke zu kaufen, um das Transportaufkommen zu reduzieren. Die inzwischen verbotene Passage war auf der Homepage der Behörde folgendermaßen formuliert: »Kaufen Sie Getränke aus der Region, denn: Jeder Kilometer zählt! Weniger Transporte bedeuten weniger Verkehr und damit weniger Belastung für die Umwelt. Der positive Nebeneffekt: Sie stärken die Wirtschaft Ihrer Region.«

Im Dezember 2000 beanstandeten die Wettbewerbshüter der Europäischen Union die Empfehlung als einen staatlichen Eingriff in die Freiheit des Handels und als eine Diskriminierung anderer Getränkeanbieter. Das Bundesumweltministerium als übergeordnete Behörde des UBA zog die Empfehlung zurück, um einer Konventionalstrafe zu entgehen. Die Regierung der Bundesrepublik Deutschland ließ der Kommission über ihre Ständige Vertretung bei den Europäischen Gemeinschaften mitteilen, die beanstandete Textstelle gestrichen zu haben. Damit hoffe die Bundesregierung, dass das Verfahren der EU-Kommission eingestellt werde. (taz vom 18.6.2001)

Das zunächst 1998 gescheiterte Gesetzeswerk des Multilateralen Abkommens über Investitionen (MAI) macht deutlich, wie weit der in keiner Weise demokratisch legitimierte Aneignungsanspruch von Entscheidungsmacht durch Global Players geht (Mies/Werlhof 1998).

MAI, auch die »Charta der Weltherrschaft der Konzerne« genannt, würde die Souveränität der Nationalstaaten auflösen, indem es als neue globale Verfassung

Die andere Seite der Megacities

transnationale Konzerne (TNCs) in den Rang von Nationalstaaten erhebt. Das zeigt zum Beispiel die im Gesetzeswerk etablierte Meistbegünstigtenklausel, die bei internationalen Handelsabkommen normalerweise anderen Nationalstaaten verliehen wird; unter dem MAI-Regime ginge sie direkt an Konzerne. Außerdem soll den TNCs und ihrem Personal ein »quasi-diplomatischer Status« verliehen werden, obwohl sie in keiner Weise demokratisch legitimiert sind (Clarke 1997). Das Diskriminierungsverbot besagt, dass ausländische Firmen gegenüber lokalen nicht benachteiligt werden dürfen. Konkret bedeutet das: Fördert beispielsweise eine Gemeinde oder eine Bezirksregierung regionale Nahrungsmittelanbieter, weil sie vor Ort Arbeitsplätze schaffen, kurze Transportwege haben oder regionale Rohstoffe unter ökologisch akzeptablen Bedingungen verarbeiten, müssten die gleichen Vergünstigungen auch Mc Donald's gewährt werden. Eine selbstbestimmte Regionalpolitik, die derzeit vielerorts als ökologische und arbeitsschaffende Alternative diskutiert wird, würde durch das MAI (und wird bereits durch die EU-Freihandelszone) zum Strafbestand.

Über die sogenannten Stand-Still- oder Rollback-Klauseln würden absolutistische und unwiderrufliche Zwangsverhältnisse eingeführt: Die Stand-Still-Klausel besagt, dass vom Moment der Unterzeichnung des MAI an keine neuen Gesetze mehr verabschiedet werden dürfen, die nicht MAI-konform sind. Roll Back wiederum besagt, dass die Staaten verpflichtet sind, ihre bestehende Gesetzgebung auf Widersprüche zum vom MAI postulierten Zustand der völligen Investitionsfreiheit zu überprüfen und entsprechend anzugleichen. Das MAI läuft in letzter Konsequenz darauf hinaus, dass die Wirtschaft nur noch Rechte erhält und keinerlei Pflichten mehr nachkommen muss. Claudia von Werlhof spricht von einem »Ermächtigungsgesetz für die Multis« (Mies/Werlhof 1998).

Eigentlich sollte das Multilaterale Investitionsabkommen Ende April 1998 vom Ministerrat der OECD-Länder unterzeichnet werden. Drei Jahre lang hatten Vertreter der 29 reichsten Industrieländer hinter verschlossenen Türen in Paris über eine »neue Verfassung der vereinigten Weltwirtschaft« verhandelt, wie Renato Ruggieri, Generaldirektor der WTO, damals schwärmte. Nicht einmal die Abgeordneten der einzelnen Parlamente waren informiert über die Geheimverhandlungen zur Vollendung der Liberalisierung der Weltwirtschaft. Zu befürchten ist, dass der vorerst gescheiterte Versuch nicht der letzte in diese Richtung gewesen ist.

Neue soziale Bewegungen: Wiedererlangung der Ressourcenkontrolle?

Während militantes Marketing der Global Players einerseits zu einer weltweiten Angleichung von Konsumstrukturen führt, hat Globalisierung zugleich auch den Effekt, dass soziale Räume entstehen, in denen lokale und regionale Kulturen neu inszeniert werden. Die wachsende Vielfalt an Gütern der globalisierten Warenproduktion geht häufig mit einem Verlust an kultureller Diversität einher, weil die Diversität versorgungswirtschaftlicher Strukturen samt ihrer sozial-kulturellen Hintergründe ersetzt wird durch die eindimensionale Zielrichtung der Marktökonomie. Neue Diversität entsteht aber gerade aus dem Erkennen dieser Eindimensionalität sowie aus dem Wunsch heraus, mehrdimensionale Aspekte von Ökonomie wie Kooperation oder Gegenseitigkeit neu zu positionieren. Das führt zu dem Paradoxon, dass die von der ökonomischen Globalisierung verursachte Homogenisierung im Etablierungsprozess selbst eine Vielfalt an neu inszenierten Orten quasi re-produziert.

Einen dieser neuen sozialen Räume bilden die weltweit agierenden Bewegungen gegen die neoliberale Globalisierung. Denn der Versuch, ökonomische Aktivitäten von sozial, ökologisch und kulturell gebotenen Begrenzungen zu liberalisieren, wird von dieser Bewegung als ein Angriff auf die Zukunftsfähigkeit interpretiert. Das zentrale Argument gegen den Neoliberalismus ist denn auch im Buchtitel des französischen Bauern José Bové zusammengefasst: »Die Welt ist keine Ware.« (Bové/Dufour 2001).

Bové, der 1999 in einer spektakulären Aktion ein Mc-Donalds-Restaurant angriff, um gegen die industrialisierte Massentierhaltung und den Einfluss multinationaler Konzerne auf die Landwirtschaft zu protestieren, und dafür ins Gefängnis ging, ist zu einer Symbolfigur des Widerstands gegen die neoliberale Doktrin und ihre Protagonisten WTO und IWF geworden.

Diese globalisierungskritischen Bewegungen sind international vernetzt und haben Eingang gefunden in den Diskurs um globale Zukunftsfähigkeit. Sie agieren häufig zugleich auf globaler und lokaler Ebene. In Europa bekannteste Plattform der Bewegungen ist der Dachverband »attac« – hinter dem dynamischen Kürzel steht die vergleichsweise harmlose »Vereinigung zur Besteuerung von Finanztransaktionen im Interesse der BürgerInnen«.

Von Frankreich ausgehend, haben sich mittlerweile in 26 Ländern Organisationen und Einzelpersonen unter dem attac-Dach zusammengeschlossen. Der attac-Slogan lautet: »internationale Solidarität von unten – eine andere Welt ist möglich.« Die Instrumente dieses extrem heterogenen Netzwerks sind divers, der Bezugsrahmen reicht von der Regulierung der internationalen Finanzströme über die Globalisierung unter »fairen« Bedingungen bis hin zur Öffnung der Märkte für die Länder des Südens.

Locker mit attac assoziiert sind die Bewegungen, die z.B. Helena Norberg-Hodge als »local food movements« bezeichnet. Hier wird das »Menschenrecht, die eigenen Nahrungsmittel essen zu können«, verknüpft mit der Wiedereroberung von Würde und Selbstrespekt sowie mit der Postulierung kultureller Diversität als Recht auf den eigenen Entwicklungsweg (Shiva 2001).

Eine solche Argumentation vertritt auch der alternative Weltbauernverband »La Via Campesina«, zu dem sich so unterschiedliche Akteure wie die brasilianische Landlosenbewegung, die französische Confédération Paysanne oder die deutsche »Arbeitsgemeinschaft Bäuerliche Landwirtschaft« zusammengeschlossen haben. Gemeinsam mit FIAN (»Food First Informations- und Aktionsnetzwerk«) hat La Via Campesina die globale Kampagne für Agrarreformen ins Leben gerufen (siehe Kasten).

Einer der bislang spektakulärsten Erfolge der Anti-Globalisierungsbewegung ist zweifellos die Neem-Kampagne: In Indien wächst der Neem-Baum. Seit Jahrtausenden nutzt die Bevölkerung die schädlingsbekämpfenden Blätter, Zweige und Nüsse, sowohl in der Stadt als auch auf dem Land. Neem-Blätter haben zudem verdauungsfördernde Wirkung und Neem-Zweige werden zur Zahnreinigung verwendet. Lokale Firmen verarbeiten Neem und vertreiben ihre Produkte auf den regionalen Märkten.

Anfang der neunziger Jahre erteilte das US-Patentamt einem amerikanischen Bürger das Patent dafür, eine schädlingsbekämpfende Komposition aus dem Neem-Samen erfunden zu haben. Der Patentinhaber übertrug seine Lizenz an Grace & Co., die damit die »erste kommerzielle Produktion von Bio-Pestiziden auf Neem-Basis« starten will. Maria Mies kommentiert:

»Mit der Patentierung von Neem in den USA wird das Gemeineigentum an kostenlosem Neem zerstört, und Neem wird zur Ware. Darüber hinaus beanspruchen die Patentinhaber das Monopol über die Produktion von Neem-Produkten und über ihren weltweiten Verkauf. Sie erhoffen sich gerade jetzt, wo Grüner Kapitalismus zur Lösung der Umweltprobleme propagiert wird, große Profite.« (Mies 2001: 104)

Für die einheimische Bevölkerung und für die lokale Wirtschaft bedeutet die Patentierung, dass sie Neem nicht mehr frei nutzen können und auf Neem-Produkte Lizenzgebühren an eine US-Firma zu zahlen haben. Die Kampagne gegen diese Praxis der Biopiraterie war von Anfang an international vernetzt und bediente sich dem internationalen Recht. Am 10. Mai 2000 kam es zu einer Verhandlung vor dem Europäischen Patentamt in München. Als Kläger traten auf die Präsidentin von IFOAM (International Federation of Organic Agriculture), die damalige belgische Umwelt- und Gesundheitsministerin sowie die Physikerin und alternative Nobelpreisträgerin Vandana Shiva, die einige indische Bauern als Zeugen präsentierte.

Diese Gruppe von Menschen mit unterschiedlichsten kulturellen und sprachlichen Hintergründen trat an gegen einen Rechtsvertreter der US-Regierung sowie einen Anwalt des Grace-Konzerns, die ihrerseits mit allen Mitteln versuchten, die Anklage wegen Biopiraterie zu entkräften. Am Ende jedoch gingen die Kläger als Sieger aus dem Verfahren hervor.

Obwohl punktuelle internationale Aktionen wie die Neem-Kampagne wesentlicher Bestandteil der neuen sozialen Bewegungen für gebrauchswertorientierte und regional begrenzte Ökonomien sind, geht man eigentlich davon aus, dass es keine globalen Lösungen gibt - weder der vielfältigen sozialen noch der ökologischen Probleme - dass also nur die regionale Zirkulation eine materielle Basis für Gegenseitigkeit herstellen kann, die sich auf anonymen Märkten nicht realisieren lässt. Die ökonomischen Beziehungen sollen möglichst ebenso überschaubar sein wie die Folgen der ökonomischen Handlungen.

Der Historiker Joachim Radkau beleuchtet in seiner Studie »Natur und Macht. Eine Weltgeschichte der Umwelt« die teilweise widerspruchsvollen Aspekte ökologisch relevanter Phänomene in ihrer jeweiligen historischen Relativität. In einem Punkt jedoch formuliert er eine uneindeutige Position:

»Heute sind wir in weiten Teilen der Welt mit den destruktiven Folgen eines sich rücksichtslos austobenden privatwirtschaftlichen Egoismus konfrontiert. Diese Situation sollte jedoch nicht den Blick dafür trüben, daß ein gesichertes Eigentums- und Erbrecht in der Geschichte wahrscheinlich oft den Schutz des Bodens und der auf ihm stehenden Fruchtbäume gefördert hat. Zwei Naturschützer gelangen durch die Analyse südostasiatischer Verhältnisse zu dem Schluß, das Umweltproblem sei im Kern ganz einfach: Überall dort, wo die lokale Bevölkerung nicht die Kontrolle über ihre Ressourcen besitze ..., gehe es mit der Umwelt bergab.« (Radkau 2000: 12)

Die neuen sozialen Bewegungen gegen die Globalisierung der Märkte stehen für den Versuch, die Kontrolle über die Ressourcen zu behalten bzw. zurückzugewinnen. Dabei handelt es sich um transformations- und handlungsorientierte, pragmatische Bewegungen, die unmittelbar auf soziale Praxis bezogen sind und die Globalisierung in erster Linie auf einer lokalen Ebene reflektieren und dabei auch die lokale Ebene als zentrale Handlungsebene begreifen. Fokus ist dabei nicht mehr die Ebene der »Systemlogik«, sondern die des alltäglichen Handelns, das motiviert ist durch die Wiedererlangung von eigenständiger Ressourcenkontrolle sowie ökonomischer und sozial-kultureller Kompetenz auf der Basis regionaler, aber auch neu gestalteter internationaler Austauschformen sowie historisch neuer Allianzen (vgl. Bennholdt-Thomsen/Faraclas/Werlhof 2001; Bennholdt-Thomsen/Holzer/Müller 1999).

So wurde im Juli 2000 auf der Internationalen Gartenkonferenz der Humboldt-Universität zu Berlin, an der auch die Internationalen Gärten Göttingen teilnahmen, deutlich, dass die städtische Klein- und Kleinstlandwirtschaft weltweit massiv an Bedeutung gewinnt (Meyer-Renschhausen/Holl 2000; Meyer-Renschhausen/Müller/Becker 2002). Von der »Selbstversorgungs-Guerrilla« in Tokio bis zu den Community Gardens in New York City sind deutliche Tendenzen einer globalen Re-Ruralisierung zu verzeichnen:

»Von der Uckermark über Polen bis nach Russland, von Afrika bis Südamerika bedeutet Hortikultur Grundlage für Selbstversorgung, Eigenarbeit sowie für sozialen Zusammenhalt und für neue Formen sozialen Widerstandes, und zwar sowohl in landwirtschaftlich dominierten Gegenden wie auch in Städten. Urban Agriculture nimmt weltweit zu – von New York über Mexico City bis Nairobi. Überall aber müssen die wilden oder legalen Subsistenzwirtschaften und Nutzgärten verteidigt werden, in Afrika so gut wie in Nordamerika, Indien oder in der Türkei. Auch wenn sie kein Programm haben oder nicht Ausdruck expliziter politischer Bewegungen sind, treffen

Kürbisernte

Kleinbäuerinnen und Community Gardeners auf Widerstand. Die Kriminalisierung von Eigenanbau durch Saatgutmonopole ist nur ein, wenn auch womöglich das dramatischste Beispiel hierfür.« (www.userpage.fu-berlin.de/~garten/gartenkonferenz.htm#Hintergrund)

Der Beitrag, den Subsistenzbewegungen weltweit zu einer Verteidigung und Stärkung der nicht marktorientierten, sozialen, kulturellen und ökonomischen Lebenszusammenhänge leisten, wird für die Gestaltung der lokalen und globalen Zivilgesellschaft(en) in Zukunft voraussichtlich eher an Bedeutung gewinnen als verlieren.

La Via Campesina

La Via Campesina, ein internationales Netzwerk von Kleinbauernorganisationen aus Asien, Amerika, Europa und Afrika, hat den Begriff der Ernährungssouveränität in die internationale Diskussion gebracht als das Recht, Lebensmittel zu produzieren sowie freien Zugang zu Gütern wie Land, Wasser und Saatgut zu haben. *La Via Campesina* fordert unter anderem eine Landreform, die es landlosen Bauern und Bäuerinnen ermöglicht, das Land, das sie bearbeiten, zu besitzen und den indigenen Völkern ihr angestammtes Land zurückgibt.

La Via Campesina
Stopp den Verhandlungen über Landwirtschaft in der Welthandelsorganisation (WTO). Ernährungssouveränität für alle Völker, Zugang zu Land und das Recht zu produzieren.

La Via Campesina fordert eine weltweite Abschätzung der Folgen, die die Aufnahme der Landwirtschaft in die GATT/WTO Vereinbarungen bewirkt hat. Das oberste Ziel des GATT, den Handel mit landwirtschaftlichen Erzeugnissen zu liberalisieren, hat die Produktion und Verteilung von Nahrungsmitteln weltweit umstrukturiert und den Völkern und ihren Regierungen die Kontrolle über ein grundlegendes Menschenrecht aus den Händen genommen. Es ist unannehmbar, dass die Regeln für die Erzeugung von Nahrungsmitteln in Übereinstimmung mit der sogenannten »freien Handelsordnung« diktiert werden.
Der Verlust an nationaler Ernährungssouveränität innerhalb des WTO-Systems ist nicht akzeptabel. *La Via Campesina* erhebt entschieden Einspruch gegen Verhandlungen über Landwirtschaft unter den Bedingungen der WTO. Die WTO-Politik ist Ausdruck der Interessen der Transnationalen Konzerne, die den internationalen Handel dominieren und unsere Möglichkeiten zur Erzeugung von Lebensmitteln, unsere Gemeinschaften und unsere natürliche Umwelt zerstören.

Internationaler Handel muss der Gesellschaft dienen! Der Handel muss die Ernährungssouveränität der Länder respektieren, und das erfordert Zugang zum Land und Landnutzung durch kleine und mittlere bäuerliche Produzentinnen und Produzenten. (Siehe auch das von *La Via Campesina* anlässlich des Welternäh-

rungsgipfels in Rom 1996 veröffentlichte Dokument zur Ernährungssouveränität »Right to produce and access to land«).
Die »Liberalisierung« der Märkte unter den Bedingungen der WTO hat folgende, unannehmbare Konsequenzen:

1. Zerstörung der Nahrungsmittelproduktion in einigen Regionen, gekoppelt mit Überschüssen in anderen. Die Bedingungen der WTO beschleunigen Strukturanpassungsprogramme, die die Erzeugung für einheimische Märkte zugunsten von intensiver Produktion für den Export verdrängen. Sie treiben Millionen von Bauernfamilien in den Bankrott. Beispielsweise haben in Indien, im Bundesland Andhra Pradesh, mehr als 400 vom Baumwollanbau abhängige Kleinbauern im letzten Winter Selbstmord begangen, weil ihre Situation hoffnungslos war.
Die WTO-Politik lässt Dumping zu und veranlasst intensive Überschussproduktion in einigen Regionen, während sie in anderen Gegenden der Welt soziale Katastrophen erzeugt wie Arbeitslosigkeit, Landflucht, soziale Degradierung, Gewalt und Selbstmord. Sie führt zudem zu irreparablen Umweltschäden, zerstört Böden und biologische Vielfalt, vergiftet Land, Wasser und Luft. Es gibt zahlreiche Beispiele für Nahrungsmittel-Dumping, besonders von Seiten der USA und der EU in anderen Ländern. Diese zerstörerische Praxis wird durch das »Blair-House«-Abkommen der WTO legalisiert. Gleich schädlich ist das Dumping, oft in Form von Sozialdumping.

2. Zunehmende rücksichtslose Vertreibung von Menschen vom Land in die Städte im Zuge dieser »Liberalisierung«. Gegenwärtig besteht ein starker Druck für eine Deregulierung der Investitionspolitiken. Eine solche Politik wird katastrophale Auswirkungen haben für das Management von natürlichen Ressourcen, die notwendig sind für die Erzeugung von Lebensmitteln. Regierungen werden nicht länger in der Lage sein, Landbesitz und Landnutzung zu organisieren, der Zugriff der Konzerne auf das Land wird erleichtert, der Zugang für Bauernfamilien beschränkt. Weltweit wurden bereits Millionen von Bauernfamilien gezwungen, das Land zu verlassen, davon zwei Millionen Menschen in Brasilien allein in den letzten Jahren.

3. Einige Länder und Konzerne streben eine Gesetzgebung an, die durch Patentierung von Lebewesen Biopiraterie in der WTO erlaubt (Rechte geistigen Eigentums auf Gene aus Pflanzen, Tieren und Teilen des menschlichen Körpers). Überall in der Welt, von Brasilien bis Europa, gibt es ein starkes Lobbying der Industrie für das Recht, Lebewesen zu kontrollieren.

4. Durch die WTO zwingen Konzerne Verbraucherinnen und Verbrauchern gentechnisch manipulierte und unter Einsatz von Hormonen produzierte Nahrungsmittel auf. So werden zum Beispiel europäische Märkte gezwungen, gegen den Willen der Bevölkerung genmanipuliertes Soja von Monsanto und unter Einsatz von Hormonen erzeugte Fleisch- und Milchprodukte zu akzeptieren.

5. Exklusive und undemokratische Verhandlungen der WTO. Die Vereinbarungen werden von den industrialisierten Ländern (USA, EU, Kanada, Japan usw.) und transnationalen Konzernen definiert. Die Partizipation der übrigen Länder sowie der sozialen Bewegungen ist gering. Die Zukunft unseres Planeten kann nicht in solche Hände gegeben werden, die ohne jede Verantwortlichkeit handeln und dabei sowohl die Völker der Welt demütigen als auch die natürlichen Ressourcen degradieren.

La Via Campesina fordert die Regierungen und die internationalen Institutionen auf:

1. Alle Verhandlungen über Nahrungsmittelproduktion und -vermarktung aus der WTO herauszunehmen.
2. Authentische, internationale, demokratische Mechanismen aufzubauen, um die Nahrungsmittelproduktion mit Respekt gegenüber der Ernährungssouveränität jeden Landes zu regulieren.
3. Jede Diskussion um das Multilaterale Investitionsabkommen sofort zu stoppen.
4. Mit einer vertieften Analyse der Folgen der Marrakesh-Entscheidung für Bäuerinnen und Bauern und für die Lebensmittelproduktion fortzufahren.
5. Die Ernährungssouveränität aller Länder zu gewährleisten und Prioritäten zu setzen auf die Nahrungsmittelproduktion für die Bevölkerung, soziale Aspekte und Umwelt.
6. Die Verpflichtung abzuschaffen, eine Mindestimportquote von 5 Prozent des internen Verbrauchs zu akzeptieren. Alle zwangsweisen Marktzugangsklauseln müssen abgeschafft werden.
7. Jedem Land das Recht zu geben, seine eigene Agrarpolitik zu definieren, um seine internen Bedürfnisse zu decken. Das schließt das Recht ein, Importe zu verbieten um die heimische Produktion zu schützen, und Agrarreformen durchzuführen, um den Menschen den Zugang zu Land zu ermöglichen.
8. Jedes Dumping zu stoppen und die Produktion von einheimischen Grundnahrungsmitteln zu schützen.
9. Biopiraterie und Patente auf lebende Organismen (Tiere, Pflanzen, Teile des menschlichen Körpers) einschließlich der Entwicklung steriler Sorten durch Genmanipulation zu verbieten.
10. Den Ländern das Recht zu überlassen, Qualitätskriterien für Nahrungsmittel gemäß den Präferenzen der Bevölkerung aufzustellen.

aus: BUKO Agrar Info Nr. 71

Die Internationalen Gärten als Modell für die Praxis: Von der Grundstückssuche zur Konfliktschlichtung – Tipps, Hinweise, Ratgeber

Wie baue ich Internationale Gärten auf? Prinzipielles und Checklisten

Das Projekt Internationale Gärten ist ein Shootingstar. Im Frühjahr 2002 liegen dem Mutterprojekt in Göttingen fast 200 Anfragen vor: Städte und Kirchengemeinden, Anti-Rassismus-Initiativen, interessierte Einzelpersonen, Flüchtlingsorganisationen, Volkshochschulen, Subsistenzprojekte, Erwachsenenbildungseinrichtungen, Wohlfahrtsverbände, autonome SelbstversorgerInnen, Umweltzentren und weitere Gruppen und Institutionen sind auf die Internationalen Gärten aufmerksam geworden und würden gern selbst ein Gartenprojekt nach Göttinger Vorbild aufbauen.

Aber kann die soziale Praxis der Internationalen Gärten, so wie sie sich in Göttingen im Laufe der Jahre herausgebildet hat, überhaupt »nachgemacht« werden werden?

Sicherlich findet jedes neue Projekt spezifische lokale und personelle Bedingungen vor, und die sind in den neuen Bundesländern anders als in den alten und auf dem Land anders als in den Städten. So ist der Göttinger »Ableger« »Bunte Gärten Leipzig«, der von sehr engagierten Menschen aufgebaut wird, potenziell von rechtsradikalen Übergriffen bedroht und sieht sich zudem mit einer, wie die Pioniere vor Ort selbst sagen, »katastrophalen medizinischen Versorgung« der Asylbewerber konfrontiert.

In der beschaulichen und liberalen Universitätsstadt Göttingen dagegen haben von Anfang an eine Menge Sympathisanten die Gärten tatkräftig unterstützt; allen voran die MitarbeiterInnen der Evangelischen Erwachsenenbildung, dem Ausländerpfarramt sowie der Martins-, der Thomas- und der Mariengemeinde.

Zudem hängen die Rahmenbedingungen von den jeweiligen Kooperationspartnern vor Ort ab, ebenso wie von den Interessenlagen der GärtnerInnen, der sozialen Umgebung der Grundstücke, der finanziellen und materiellen Ausstattung des Projekts, der Ideen und Tatkraft der Projektmitglieder und nicht zuletzt von ihren sozialen und interkulturellen Kompetenzen. Was man also sagen kann, ist sicherlich Folgendes: Es gibt keinen Masterplan. Jedes Internationale-Gärten-Projekt wird sein eigenes Profil erhalten – und das ist auch gut so. Trotzdem macht es Sinn, beim Projektaufbau einige Essentials zu beachten.

soziale und personelle Voraussetzungen

Die beiden größten Herausforderungen für einen erfolgreichen Start sind die Suche nach qualifizierten Akteuren mit interkultureller Kompetenz und Organisationstalent sowie ein Finanzierungskonzept, das mindestens zwei Koordinatorenstellen vorsieht. Sinnvoll ist die Beschäftigung eines Mannes und einer Frau wegen der verbreiteten Geschlechtertrennung in vielen Herkunftskulturen der MigrantInnen.

Die wichtigste persönliche Qualifikation ist interkulturelle Kompetenz: Geduld haben, immer von dem ausgehen, was ist, ausgleichen, die einzelnen Mitglieder, und gerade auch die Frauen unter ihnen, in ihren Kompetenzen stärken, abstrakte Politik außen vor halten, kurz: eine internationale Gemeinschaft aufbauen.

Alle Instandsetzungsarbeiten eines neuen Gartengrundstücks waren in Göttingen permanent von intensiven Diskussionsprozessen begleitet und erforderten einen entsprechend hohen Zeitaufwand. Die niemals abgeschlossenen sozialen Aushandlungsprozesse sind zentraler Bestandteil des Gruppenbildungsprozesses und des gemeinsamen Produzierens einer neuen Kultur des Miteinanders und auch einer neuen Kultur der Konfliktbewältigung, die die vielfältigen kulturellen Hintergründe der Gruppenmitglieder berücksichtigen muss. In Göttingen stand die Debatte über die gerechte Aufteilung des Bodens sowie über Rechte und Pflichten der Projektmitglieder stets im Mittelpunkt der Auseinandersetzungen.

Die Erfahrung hat gezeigt, dass neben der fachlichen Anleitung die Aufgabe der begleitenden Projektkoordination durch eine möglichst neutrale Person mit ausgeprägten sozialen und interkulturellen Kompetenzen unerlässlich ist.

In den Internationalen Gärten treffen die unterschiedlichsten Biographien, Sprachen, Religionen und Kulturen aufeinander; sie zusammenzuführen und zusammenzuhalten ist die vielleicht größte Aufgabe, die eine »selbst gegebene innere Verfassung« als Handlungs- und Kommunikationsgrundlage benötigt. Dazu kann die Form einer Vereinssatzung (siehe weiter unten) sehr nützlich sein.

Eine Vereinssatzung dient als »typisch deutsches« Konstrukt zugleich dazu, den MigrantInnen Zugang zu hiesigen Rechtsvorstellungen zu verschaffen. Auch hier findet wieder eine doppelte Verknüpfung statt: Auf der einen Seite erfolgt ein Prozess »nachholender Sozialisation« durch die (deutsche) Vereinsarbeit und andererseits wird durch die Institutionalisierung von Gemeinschaft der innere Demokratisierungs- und zugleich Zusammenhaltungsprozess im Projekt gestärkt.

- Eine weitere zentrale Voraussetzung für ein erfolgreiches Internationale-Gärten-Projekt ist *Offenheit* für unterschiedliche Herkunftskulturen und Lebensweisen sowie für die Art und Weise, wie Menschen an ihnen hängen. Es braucht auch Offenheit für Lebensgeschichten, für neue Fragen und für die unterschiedlichsten Ausdrucksformen von Freude, Wut und Trauer. Offenheit bedeutet, dass nichts vorausgesetzt werden kann, dass man nicht erwarten kann, dass sich die Menschen so verhalten, wie man es gewohnt ist. Offenheit bedeutet auch, davon auszugehen, dass sich die Realität immer wieder neu herstellt und dass es notwendig ist, den eigenen Standpunkt, die eigene Wahrnehmung auch einmal zurückzustellen - aber sie gleichzeitig auch genau in diesem Vorgang zu schärfen und ihr Präsenz zu geben.
- Auch wenn es paradox klingt: Neben Offenheit und Geduld ist die Fähigkeit gefragt, *Grenzen setzen* zu können. Und dafür benötigt man einen Standpunkt. In den Internationalen Gärten Göttingen ist das der kleinste gemeinsame Nenner, der in der Satzung durch folgende Grundsätze formuliert ist: Alle Mitglieder haben gleiche Rechte, ethnische und politische (Stellvertreter-)Konflikte müssen aus den Gärten herausgehalten werden, und alle sind aufgefordert, sich zum Wohle des gemeinsamen Projekts in Toleranz und Kooperationsbereitschaft zu üben.
- Wichtig ist, dass der *Gemeinschaftsgeist gestärkt* wird, der über die Bearbeitung der einzelnen Parzellen hinaus gehen muss. Gemeinschaftsgeist stellt sich nicht von selbst her, sondern benötigt einen Kontext, in dem er Sinn macht. Es sollten immer wieder gemeinschaftsfördernde, alle Akteure einbeziehende und sinnstiftende Aktivitäten wie Feste oder gemeinsames Lernen durchgeführt werden, um den Spaß am gemeinsamen Tun in rituelle Formen zu fassen.
- Von großer Bedeutung ist es, die Internationalen Gärten als ein Konzept zu verstehen, das *beständig in Veränderung* begriffen ist und auf die unterschiedlichen Einflüsse von Zeit, Raum, Orten, Menschen und Gruppenkonstellationen reagiert. Darum ist es vor allem wichtig, Raum zu schaffen für gemeinsame Erfahrungen, gemeinsames Lernen, gemeinsames Wachsen; Raum auch für Visionen und Visionärstum.
- Die gegenseitige Anerkennung und die *Respektierung* der Unterschiedlichkeiten der eingewanderten und der einheimischen Menschen ist auch zu erreichen, wenn das Projekt selbst eine möglichst heterogene Zusammensetzung aufweist: Förderlich ist eine Mischung aus unterschiedlichen Bildungs-, Herkunfts-, Alters- und Milieukontexten.
- Unverzichtbar ist die Fähigkeit zum verknüpften Denken und zur *Netzwerkbildung*: Der Aufbau von Internationalen Gärten benötigt viele Kooperations-

partner, die aktive Einbindung von Nachbarn, Gemeindemitgliedern und lokalen Institutionen. Viele Mitglieder der Internationalen Gärten Göttingen empfinden es als befreiend, dass sie selbst aktiv werden können und nicht »auf Eingliederung warten« müssen.

- Last but not least: Es dürfen auf keinen Fall Tendenzen zu einer homogenen Community bzw. zur Dominanz einer ethnischen Gruppe sichtbar werden. Die Eintrittsregelung in den Verein und besonders die Zugangsberechtigung zu Land sollte immer strikt nach einem *Nationalitätenschlüssel* erfolgen. Das kann, wie bei den Internationalen Gärten Göttingen dazu führen, dass z. B. die Vertreterin eines bereits überdurchschnittlich häufig vertretenen Landes seit langem auf der Warteliste steht und trotzdem eine »Newcomerin« vorgezogen wird und sofort Land erhält, eben weil diese eine Nationalität repräsentiert, die im Projekt noch nicht oder noch in der Minderheit vertreten ist. Eine solche Vorgehensweise kann subjektiv als ungerecht empfunden werden, ist aber aus der Gesamtsicht des Projekts argumentier- und vertretbar.

Koordinationsaufgaben in der Aufbauphase

Die Aufbauphase eines Internationale-Gärten-Projekts beginnt mit der Entfaltung von Ideen und ist bereits ein erster wichtiger Schritt im Gruppenfindungsprozess. Die Aktivitäten sollten von Anfang an mit allen Beteiligten abgestimmt werden. Es sollte klar sein, wer die Zielgruppe der Aktivitäten ist und welche Netzwerke neu geknüpft werden müssen bzw. auf welche man gegebenenfalls zurückgreifen kann. Die wichtigsten Aufgaben sind aus unserer Sicht:

- Vernetzung des Projekts: Von Anfang an sollte ein möglichst vielschichtiger und einflussreicher UnterstützerInnenkreis aufgebaut werden mit VertreterInnen aus z. B. Stadtverwaltung, Universitäten, Kirchen, weiteren Institutionen, Gruppierungen und engagierten Privatpersonen mit unterschiedlichen Kompetenzen und Kontakten.
- Kontakte zu verschiedenen Referaten der jeweiligen Kommune sind wichtig, weil Kommunen häufig über brachliegendes Land verfügen, das sie im Sinne der Gemeinnützigkeit nutzen wollen. Städtische Referate, die hier in Frage kommen, sind im wesentlichen: das Baureferat bzw. Gartenbaureferat, das Umweltreferat, das Planungsreferat, die Koordinationsstelle Soziale Stadt oder die Agenda-Beauftragten.

- Weitere wichtige Kooperationspartner können sein: Ehrenamtsbörsen und Tauschringe, Umweltzentren, Frauenhäuser, Asylberatungsstellen, Bürgerstiftungen, Universitäten oder Wohnungsbaugenossenschaften.
- Organisation einer attraktiven Informationsveranstaltung mit interkulturellen Festelementen, um das Konzept/die Idee der Öffentlichkeit vorzustellen und z. B. eine/n Vertreter/in der Internationalen Gärten Göttingen zum Vortrag einzuladen
- Fundraising
- Verhandlungsführung mit Institutionen über den Erwerb von Grundstücken
- Motivationsarbeit, Gruppenbildungs und -stabilisierungsarbeit
- Presse- und Öffentlichkeitsarbeit im angemessenen Rahmen
- Urbarmachung neuer Grundstücke, Gestaltung der Gärten nach fachlichen Kriterien, ständige Beratung bzw. Fortbildung der Projektmitglieder im biologischen Gemüseanbau
- Konzeptionierung und Durchführung von Bildungs- und Fortbildungsangeboten

Auswahl und Gestaltung der Fläche

- Eine Gesamtfläche von 1 500 m² für ein Gartengrundstück ist empfehlenswert. Dabei sollte man ca. 40 m² Anbaufläche pro Parzelle rechen, die für eine Familie oder Einzelperson vergeben wird.
- Die Gestaltung einer Fläche hängt ab von der Vorgehensweise. Am besten ist es, erst einmal klein anzufangen und die Planung in nachvollziehbaren und überschaubaren Schritten wachsen lassen.
- Nicht die gesamte Fläche bebauen, sondern einen Teil Rasenfläche brach liegen lassen für Kinder und Feste - Internationale Gärten sind öffentliche Räume.
- Eine wichtige Frage lautet: Hat das Grundstück einen Wasseranschluss bzw. eine Pumpe?
- Toiletten auf dem Grundstück oder in unmittelbarer Nähe sind unverzichtbar. Geklärt werden muss, ob bei den GärtnerInnen die Bereitschaft besteht, eine Komposttoilette zu bauen und zu unterhalten. Falls nicht, muss eine Chemietoilette gemietet werden (ca. 100 Euro Kosten im Monat).
- Wer ist der Träger des Grundstücks? Der Träger benötigt eine Unfallversicherung (Sinnvoll ist die Gründung eines gemeinnützigen Vereins, siehe weiter unten).
- Noch ein praktischer Tipp: Bei Anschaffungen wie Gartengeräten unbedingt auf die Qualität des Materials achten; Billigware geht schnell kaputt.

Urbarmachung

Die Urbarmachung der Rohgrundstücke kann mit viel Arbeit und hohem finanziellem Aufwand verbunden sein. Sinnvoll ist in jedem Fall, Anträge an Stiftungen zu schreiben und mit den Grundstücksbesitzern (z. B. Kommune oder Kirche) auch über eine Unterstützung auf diesem Gebiet zu verhandeln. Der Arbeitseinsatz für die Urbarmachung auf verschiedenen Göttinger Grundstücken (schwere, verdichtete, lehmig-steinige Böden) war größer als gedacht und erforderte viel Zeit und Kraft, hatte aber von Anfang an auch positive, gemeinschaftsstiftende Effekte. Notwendig waren:

- Säuberungsarbeiten
- Erdbewegungsarbeiten
- Umzäunungsarbeiten
- Bodenbearbeitung, Bodenverbesserung, Gründüngung
- Terrassierungsarbeiten
- Ziehen von Wassergräben und Wasserverlegearbeiten
- Bau von Geräteschuppen
- Bau von Toren und Einfahrtswegen
- Bepflanzung von Obstbäumen und Sträuchern
- Bau und Beschaffung von Gartenmöbeln
- Anlegen von Sandkästen und Montage von Spielgeräten für die Kinder
- Abschirmungsarbeiten für Toiletten

grober Kostenplan für die Anfangskalkulation

Insgesamt kann man mit cirka 7 000 Euro Gesamtanfangsinvestitionen rechnen.

Gartengeräte (Spaten, Schaufel, Hacken etc.)	1 500 Euro
Material für Geräteschuppen (in Eigenarbeit)	1 500 Euro
Maschendraht	1 300 Euro
Rasenmäher	750 Euro
Sand für Kinder	500 Euro
Schaukel	150 Euro
Materialien für handwerklich-künstlerische Gestaltung des Gartens (Holz, Steine, Werkzeuge)	1 300 Euro
Summe	***7 000 Euro***

Einen Verein zu gründen, um die Aktivitäten des Internationale-Gärten-Projekts organisatorisch einzubetten, macht aus diversen Gründen Sinn. Zum einen bietet ein eingetragener, gemeinnütziger Verein die Möglichkeit, Spendengelder einzunehmen und zu bescheinigen. Zum anderen stellt ein Verein einen institutionellen Hintergrund dar, auf dem Fördergelder beantragt und juristisch relevante Handlungen vollzogen werden können.

Ein Verein verschafft zudem Versicherungsschutz und ist eine quasi dem Projekt über- bzw. nebengeordnete Struktur, die durch ihren demokratischen Hintergrund (z. B. Mitbestimmungsrecht aller, Wahlen von Gremien etc.) in Konfliktfällen schlichten kann, ohne unmittelbar involviert zu sein.

Wir drucken hier die Satzung der Internationalen Gärten, die wie fast alles dort Resultat eines langen Diskussions- und Meinungsbildungsprozesses aller Mitglieder ist, als Mustersatzung ab, an der sich nachfolgende Projekte orientieren können.

INTERNATIONALE GÄRTEN e.V.
Interkultureller Verein zur Förderung von Eigeninitiative, beruflicher Integration und sozialer Entfaltung

SATZUNG

§ 1 Name und Sitz des Vereins

1.1 Der Verein führt den Namen »Internationale Gärten e.V.« – Interkultureller Verein zur Förderung von Eigeninitiative, beruflicher Integration und sozialer Entfaltung.

1.2 Der Verein hat seinen Sitz in Göttingen.

1.3 Der Verein ist parteipolitisch und religiös neutral.

§ 2 Zielsetzung

2.1 Der Verein versteht sich als ein Forum, in dem aus der Vielfalt von Sprachen, Arbeitsweisen, Kunst und Lebenserfahrungen neue Kommunikationsformen entstehen. In der gleichberechtigten Zusammenarbeit von Menschen aus unterschiedlichen Länder werden neue Konzepte von

Arbeit und gesellschaftlichem Miteinander erprobt. Diese finden ihren praktischen Ausdruck schwerpunktmäßig in den »Internationalen Gärten«.

2.2 Die wesentliche Eigenschaft der »Internationalen Gärten« ist die soziale und berufliche Integration von Flüchtlings- und Migrantenfamilien durch aktive Partizipation. Flüchtlinge und MigrantInnen sind in allen Positionen des Vereins angemessen repräsentiert. Sie bestimmen mitverantwortlich die inhaltliche und ästhetische Organisation der Gärten, die Fortbildungsinhalte, die Kulturaktionen; die Verbreitung der Projektideen und die Vertretung des Vereins in der Öffentlichkeit.

2.3 Der Verein fördert in den »Internationalen Gärten« und darüber hinaus die Belebung der Eigeninitiative, Eigenarbeit und den Austausch von Wissen und sozialen Fähigkeiten. Wichtige Inhalte sind Selbstorganisation, Eigenversorgung, Gesundheit, soziale Nähe, psycho-soziales Wohlbefinden und persönliche Entfaltung aller Projektmitglieder – Kinder, Jugendlicher und Erwachsener.

2.4 Der Verein fördert die ökologische Gartenbewirtschaftung in den »Internationalen Gärten« und Kompetenzen im Bereich der Hauswirtschaft durch fachliche Betreuung, Fortbildungsangebote und Praktika.

2.5 Die »Internationalen Gärten« als Begegnungs- Kommunikations- und Produktionszentren bieten den Mitgliedern und Personen in deren Umfeld die Möglichkeit, interkulturelle Kompetenz zu erwerben.

2.6 Der Verein fördert die Entstehung, Verbreitung und Vernetzung von »Internationalen Gärten« durch Zusammenarbeit mit Gruppen, Vereinen, Verbänden und Institutionen. Die Gemeinschaftsgärten sind als konkrete Beispiele einer multikulturellen Welt im Kleinen auf alle Regionen des Bundesgebietes und Europas übertragbar, wo der Wunsch besteht, dass Völker zusammenwachsen.

§ 3 Gemeinnützigkeit

Der Verein verfolgt ausschließlich und unmittelbar gemeinnützige Zwecke im Sinne des Abschnittes »Steuerbegünstigte Zwecke« der Abgabenordnung. Er verfolgt nicht in erster Linie eigene wirtschaftliche Ziele. Mittel des Vereins dürfen nur für satzungsgemäße Zwecke verwendet werden. Niemand darf durch Verwaltungsausgaben oder durch andere Ausgaben, die dem Zweck des Vereins fremd sind, oder durch unverhältnismäßig hohe Vergütungen begünstigt werden.

§ 4 Mitgliedschaft

4.1 Die Mitgliedschaft ist freiwillig. Alle Mitglieder haben die gleichen Rechte und Pflichten. Die Mitgliedschaft ist persönlich und nicht übertragbar. Jede geschäftsfähige Person kann Mitglied werden. Mitglied des Vereins können natürliche und juristische Personen sein. Jedes Mitglied hat nur eine Stimme. Der Antrag auf Aufnahme in den Verein ist an den Vorstand zu richten. Über die Aufnahme entscheidet der Vorstand. Die Mitgliederversammlung kann einer solchen Entscheidung mit einfacher Mehrheit der anwesenden Mitglieder widersprechen. Mit der Aufnahme erkennt das Mitglied die Satzung des Vereins an.

4.2 *Das Mitglied hat das Recht:*

4.2.1 Das aktive und passive Wahlrecht innerhalb des Vereins auszuüben.

4.2.2 Anträge und Vorschläge einzubringen und vorzutragen.

4.2.3 An Beschlussfassungen in den Mitgliederversammlungen teilzunehmen und durch seine Stimme mitzuwirken.

4.2.4 Die Niederschriften über die Mitgliederversammlungen einzusehen.

4.2.5 Nach gemeinsam getroffenen Beschlüssen Veranstaltungen und Schulungen des Vereins zu besuchen und Einrichtungen des Vereins zu nutzen.

4.2.6 Eine Parzelle in einem der »Internationalen Gärten« - nach Warteliste - zu bebauen.

4.3 *Das Mitglied hat die Pflicht:*

4.3.1 Ziele des Vereins zu wahren und zu fördern und dessen Interesse zu vertreten.

4.3.2 Den festgesetzten Mitgliedsbeitrag zu bezahlen.

4.3.3 Gemeinschaftsarbeit zu leisten und die Gartenregeln in den »Internationalen Gärten« zu beachten.

4.4 Austritt/Erlöschen der Mitgliedschaft

Ein Mitglied des Vereins kann jederzeit durch schriftliche Erklärung gegenüber dem Vorstand seinen Austritt erklären. Der Austritt ist möglich jeweils am Ende des Kalenderjahres. Die Mitgliedschaft erlischt durch Auflösung des Vereins, durch Austritt, durch Tod, und durch Ausschluss.

4.5 Mitglieder mit Parzellen/Mitglieder ohne Parzellen

Der Anbau einer Parzelle in den »Internationalen Gärten« verpflichtet zur Mitgliedschaft im Verein. Auch Personen, die keine Parzellen in den »Internationale Gärten« bebauen, können Mitglieder des Vereins werden. Veranstaltungen, Schulungen und Fortbildungen des Vereins sind grundsätzlich auch für Nicht- Mitglieder des Projektes offen.

4.6 Ausschluss

Ein Mitglied kann aus dem Verein ausgeschlossen werden, wenn es in grober Weise die Interessen des Vereins oder die Regeln in den »Internationalen Gärten« verletzt. Über den Ausschluss entscheidet die Mitgliederversammlung mit Zwei-Drittel Mehrheit der anwesenden Mitglieder. Mit dem Ausschluss verliert das Mitglied das Anrecht auf eine Parzelle.

4.7 Kinder und Jugendliche

Kinder und Jugendliche unter 18 Jahren können an allen Aktivitäten des Vereins teilnehmen und in den »Internationalen Gärten« eigene Parzellen bebauen. Dafür bedürfen sie der Erlaubnis der Eltern oder deren gesetzlichen Vertreter.

4.8 Ehrenmitglieder

Die Mitgliederversammlung kann Persönlichkeiten; die sich um die sozialer Entfaltung von Flüchtlingen und MigrantInnen verdient gemacht haben, zu Ehrenmitglieder ernennen. Ehrenmitglieder sind von der Verpflichtung, Beitrag zu zahlen und Gemeinschaftsarbeit zu leisten, befreit.

§ 5 Mitgliedsbeiträge

5.1 Jedes Mitglied ist verpflichtet, Mitgliedsbeitrag zu entrichten. Die Höhe der Mitgliedsbeiträge wird von der Mitgliederversammlung festgelegt.

5.2 Wer den Verein unterstützen will, ohne Mitglied zu werden, kann einen Förderbeitrag entrichten.

§ 6 Organe des Vereins

Die Organe des Vereins sind der Vorstand und die Mitgliederversammlung.

§ 7 Mitgliederversammlung

7.1 Die Mitgliederversammlung ist das höchste beschlussfassende Vereinsorgan.

7.2 Mindestens einmal im Jahr soll eine ordentliche Mitgliederversammlung stattfinden. Sie wird vom Vorstand mit einer Frist von 6 Wochen unter Angabe der Tagesordnung durch schriftliche Einladung einberufen. Anträge zur Tagesordnung können bis zum Beginn der Versammlung beim Vorstand eingereicht werden.

7.3 Eine außerordentliche Mitgliederversammlung ist auf Antrag der Mitglieder einzuberufen, wenn ein Drittel der Mitglieder die Einberufung schriftlich unter Angabe der Gründe wünschen.

7.4 Stimmrecht haben alle Mitglieder, die ihren Mitgliedsbeitrag ordnungsgemäß entrichtet haben.

7.5 Die Mitgliederversammlung ist für folgende Angelegenheiten zuständig:
- 7.5.1 Wahl, Abberufung und Entlastung des Vorstandes
- 7.5.2 Wahl der/s Vorsitzende/n, Stellvertretenden Vorsitzende/n, ein SchriftführerIn und vier BeisitzerInnen, sowie zwei KassenprüferInnen
- 7.5.3 Festsetzung der Höhe des Mitgliedsbeitrages
- 7.5.4 Änderungen der Satzung und Auflösung des Vereins
- 7.5.5 Genehmigung des Haushaltplans für das kommende Geschäftsjahr
- 7.5.6 Ehrenmitglieder zu ernennen.

7.6 Beschlussfähigkeit
Die Mitgliederversammlung ist beschlussfähig, wenn sie ordnungsgemäß einberufen wurde und mindestens ein Drittel der Mitglieder anwesend sind. Sie beschließt über Anträge mit einfacher Mehrheit.

7.7 Stimmrecht
Auf der Mitgliederversammlung sind alle persönlich erschienenen Mitglieder mit jeweils einer Stimme stimmberechtigt.

§ 8 Vorstand

8.1 Der Vorstand führt die Geschäfte des Vereins. Hierzu gehört die Festigung der Vereinsideale, die Verwaltung des Vereinsvermögens, Kassen- und Buchführung, die Erfüllung öffentlich-rechtlicher Pflichten, die Vorbereitung und Einberufung der Mitgliederversammlung, die Ablegung von Rechenschaftsberichten.

8.2 Die Mitgliederversammlung wählt aus ihren Reihen den Vorstand. Er besteht aus sieben Personen. Den Vorstand bilden der/die 1. und der/die 2. Vorsitzende, ein/eine SchriftführerIn und mindestens vier BeisitzerInnen. Zwei Drittel der gewählten Vorstandsmitglieder müssen aus den Reihen derjenigen Personen gewählt werden, die in den »Internationalen Gärten« eine eigene Parzelle bewirtschaften. Bei der Vorstandswahl sollen Mitglieder aus verschiedenen Herkunftsländern und der verschiedenen »Internationalen Gärten« berücksichtigt werden

8.3 Der Vorstand ist beschlussfähig, wenn die Hälfte der Vorstandsmitglieder anwesend sind. Der Vorstand entscheidet mit einfacher Mehrheit.

8.4 Der Verein wird gerichtlich und außergerichtlich durch den ersten und den zweiten Vorstandsvorsitzenden vertreten.

8.5 Der Vorstand wird auf zwei Jahre mit einfacher Mehrheit der Mitgliederversammlung gewählt. Der Vorstand bzw. einzelne seiner Mitglieder sind grundsätzlich abwählbar bei gleichzeitigen Neu/Nachwahlen. Scheidet ein Mitglied des Vorstandes während der Amtsperiode aus, wählt der Vorstand ein Ersatzmitglied für den Rest der Amtsdauer.

8.6 Der Vorstand legt der Mitgliederversammlung mindestens einmal im Jahr einen Rechenschaftsbericht vor.

8.7 Die Vorstandssitzungen sind grundsätzlich vereinsöffentlich.

§ 9 Kassenprüfung

Zwei KassenprüferInnen werden durch die Mitgliederversammlung gewählt. Sie überprüfen die Kassengeschäfte des Vereins. Eine Überprüfung hat einmal im Jahr zu erfolgen; über das Ergebnis ist in der Jahresmitgliederversammlung zu berichten.

§ 10 Haftung

Der Verein haftet in Höhe des Vereinsvermögens.

§ 11 Protokolle von Versammlungen und Vorstandssitzungen

Über die Beschlüsse der Vorstandssitzungen und der Mitgliederversammlung ist ein schriftliches Protokoll anzufertigen, das vom/von der VersammlungsleiterIn und dem/der ProtokollführerIn zu unterzeichnen ist.

§ 12 Satzungsänderungen

Satzungsänderungen können nur mit drei Viertel Mehrheit der anwesenden Mitglieder beschlossen werden. Anträge zu Satzungsänderungen müssen der ordnungsgemäßen Einladung zur Mitgliederversammlung schriftlich beiliegen.

§ 13 Auflösung des Vereins

13.1 Die Auflösung des Vereins oder die Änderung des Vereinszwecks kann von einer zu diesem Zweck einberufenen außerordentlichen Mitgliederversammlung mit drei Viertel Mehrheit der anwesenden Mitglieder beschlossen werden. Die Absicht der Vereinsauflösung muss mit der Einladung den Mitgliedern sechs Wochen vor der Mitgliederversammlung schriftlich bekannt gemacht werden.

13.2 Im Falle der Auflösung des Vereins fällt das Vereinsvermögen an einen gemeinnützigen Verein, der ähnliche Zwecke verfolgt. Die Bestimmung darüber obliegt dem Vorstand.

Die vorstehende Satzung wurde am .... in Göttingen von der Gründerversammlung beschlossen. Hierfür zeichnen als Gründungsmitglieder:

Der Umgang mit Konflikten in den Internationalen Gärten

Die Internationalen Gärten sind kein konfliktfreier Raum. Im Gegenteil. Vielen Migranten fällt es aufgrund ihrer Biographien sogar außerordentlich schwer, mit Konflikten umzugehen. In der Erfahrung Vieler gab es immer nur die Logik des Krieges: angesiedelt zwischen Polaritäten wie Krieg oder Frieden, Heimat oder Flucht, tot oder lebendig. Auch die Eigenwahrnehmung der GärtnerInnen innerhalb von aktuellen konfliktiven Feldern folgt häufig dieser dualen Logik, die keinen Raum lässt für die Aushandlung von individuellen Standpunkten, die biographische und kulturelle Besonderheiten berücksichtigt.

Die Verortung in Zwischenräumen, sozialen Kontinua und Widerspruchsfeldern muss häufig erst mühsam erlernt werden, denn insgesamt sind in den Gärten wenig Erfahrungen mit erfolgreichen Konfliktlösungsstrategien vorhanden, in denen die eigene Handlungsweise relevant für Veränderungen wurde.

Hinzu kommt, dass es in den unterschiedlichen Herkunftsländern jeweils sehr unterschiedliche Diskussionskulturen und Aushandlungstechniken gibt, die nicht in allen Konfliktfällen miteinander kompatibel sind. Erfahrung mit totalitären Institutionen oder Zusammenhängen werden häufig übertragen auf den sozialen Raum des Exils, der seinerseits die individuelle Wahrnehmung von Konflikten tendenziell verstärkt. So erzählte mir eine verheiratete Frau mit Kind, dass ihre Probleme deshalb größer werden, weil ihr eine soziale Institution von großer Bedeutung als Stärkung fehlt: der großfamiliäre Hintergrund. Sie, die in einer Kleinfamilie lebt, nimmt sich selbst als isoliert wahr; sie sagt: *»Ich bin alleine hier. Es ist schwer für mich.«*

Aus diesen und anderen Gründen besteht in den transkulturellen Räumen Internationale Gärten häufig die Gefahr, dass Banalitäten zu ernsthaften Konflikten führen können. Tassew Shimeles:

»Wegen unterschiedlicher Erwartungen an das Konzept und aus Mangel an Deutschkenntnissen entstehen Konkurrenzen und Missverständnisse, die in zeitintensiven Gruppensitzungen ausgeräumt werden müssen. Missstimmungen ergeben sich auch zwischen deutschen und ausländischen Mitgliedern, wenn Letztere auf Hierarchievorstellungen z. B. im Hinblick auf das Verhältnis zwischen Männern und Frauen beharren ...« (Shimeles 2000: 6)

Die Praxis der Internationalen Gärten zeigt deutlich, dass man sich dem sozialen Sprengstoff eines so heterogenen pluriethnischen Raums beständig bewusst sein muss und zugleich versuchten sollte, selbst interkulturelle im Sinne von kulturübergreifenden Konfliktlösungsstrategien zu erarbeiten (allgemeine Informationen über interkulturelle Konfliktlösungen gibt es z. B. beim »Informations- und Dokumentationszentrum für Antirassismusarbeit« in Düsseldorf, im Internet unter www.idaev.de).

Die Akteure der Internationalen Gärten Göttingen haben begonnen, sich mit der Frage des Umgangs mit Konflikten intensiver zu befassen. In einem belastenden, unlösbar erschienenen internen Konflikt zwischen zwei Personen wurde zunächst der Vorstand als Schlichtungsstelle eingeschaltet. Nachdem jedoch alle Vermittlungsversuche auf der Ebene von Gesprächen gescheitert waren, einigte man sich gemeinsam auf ein Vorgehen, das ein kurdischer Bauer vorgeschlagen

Gespräch am Brunnen

hatte: Es soll ein Fest veranstaltet werden mit Essen und Trinken, auf dem dann der Konflikt in ritualisierter Form »begraben« wird. Die Beteiligten begrüßen sich und verpflichten sich öffentlich, den Konflikt zum eigenen Wohle, aber auch zum Wohle der Gemeinschaft beizulegen. Danach, so die Absprache, darf es weder »böse Blicke« noch »böse Worte« geben.

Neben den überall üblichen konfliktiven Feldern wie Sozialneid oder Geschlechterungleichheit stehen die Internationalen Gärten immer in der Gefahr, dass kaum durchschaubare politische Hintergrundkonflikte hinzu kommen, die die Harmonie im Projekt bedrohen könnten. So traten vorprogrammierte Konflikte etwa zwischen Kurden und Türken oder Kroaten und Serben immer wieder auf, wurden bislang allerdings bemerkenswerterweise erfolgreich außen vor gehalten. Der Grund liegt in der eindeutigen Positionierung des Projekts als politisch, religiös und kulturell unabhängiges Basisprojekt der Selbstorganisation, in dem alle gleich sind und jede Stimme zählt. Die Internationalen Gärten sind nicht politisiert im Sinne einer machtorientierten Strategie, wie sie viele männerdominierte Flüchtlingsgruppen, -vereinigungen oder Widerstandsbewegungen prägt.

Diese spezifische Projektkonstellation ermöglicht es trotz aller vorhandenen Problematiken, dass potenziellen Konflikten im Bereich politisierter Thematiken doch sehr wirksam begegnet werden kann. Eine zentrale Rolle spielt hierbei die vergleichsweise starke Position der Frauen in den Internationalen Gärten. Weil im Exil die Bedeutung der materiellen und immateriellen Versorgungsarbeit und ihre unmittelbare Verknüpfung mit Frauen unübersehbar ist, machen die Frauen im versorgungsorientierten Kontext der Internationalen Gärten Erfahrungen von Relevanz und Kompetenz, die es ihnen auch ermöglichen, sich leichter in Auseinandersetzungen um das Geschlechterverhältnis zu begeben und damit ihre Position insgesamt zu stärken.

Dabei können sie sich immer auch auf die selbst erarbeitete Vereinssatzung berufen, die wiederum eng an die im Grundgesetz formulierten Grundrechte und Anti-Diskriminierungsparagraphen angelehnt ist: Gleichberechtigung der Geschlechter, keine Diskriminierung aufgrund von ethnischer Herkunft etc. Hier zeigt sich, dass das Aushandeln eines eigenen Standpunkts ein hoch integrativer Vorgang sein kann.

Zu erwarten, die Werte der westlichen Gesellschaften, die sich ja selbst in einer massiven Legitimationskrise befinden, seien ungefragt zu »übernehmen« wäre jedenfalls ebenso einfältig wie ein blindes Anerkennen anderer kultureller Hintergründe wie den des Islam. In Folge der Anschläge des 11. September 2001 werden neuerdings Minoritäten des islamisch-christlichen Dialogs wegen Standpunktlosigkeit und einer extrem unkritischen Haltung gegenüber frauen- und menschenverachtenden Praktiken z.B. auf dem Hintergrund der islamischen Rechtssprechung angegriffen.

So erschien im SPIEGEL 51/2001 unter dem Titel »Der verlogene Dialog« ein Artikel von Jochen Bölsche, der davor warnt, dass »durch Naivität und Beflissenheit deutscher Gutmenschen« der interreligiöse Dialog zur »multireligiösen Schummelei« verkomme. Zitiert wird aus einem im Auftrag der katholischen Bischöfe verfassten Papier, in dem es heißt, dass der christliche Glaube an den dreieinigen Gott nach der Koran-Sure 5 als strafwürdige »Vielgötterei« gelte. Erwähnt wird in dem Artikel auch, dass der evangelische Bremer Islambeauftragte das »muslimische Überlegenheitsbewusstsein, den unverhohlenen Anspruch, die bessere Religion zu vertreten« – etwa wenn ihm »ein frommer Muslim auf den Kopf zusagt, er sehe für uns Christen keine Möglichkeit, ins Paradies zu gelangen« als befremdlich empfinde. Und:

»Geradezu unterwürfig reagiert manch ein Christenmensch, wenn die brutale Unterdrückung der Frau in nahezu allen muslimisch geprägten Gesellschaften angesprochen werden müsste. Warum es einer Muslima verboten ist, einen Christen zu heiraten; warum sogar interreligiöse Techtelmechtel beispielsweise im Iran mit Kerker oder Tod bestraft werden; warum Frauen in islamischen Ländern die Schul- und

Berufsausbildung oft untersagt ist; warum Söhnen im Erbfall doppelt so viel wie Töchtern zusteht; ... Dass Amnesty International heute in sämtlichen islamischen Staaten die Menschenrechte massiv verletzt sieht; dass vielerorts mit religiöser Billigung kritische Intellektuelle ermordet, arme Sünder ausgepeitscht und Mädchen vom Schulunterricht fern gehalten werden – auch das wird häufig verschwiegen, um die Gefühle der Gesprächspartner nicht zu verletzen.« (Der SPIEGEL 51/2001)

Was diese »Auswüchse« einer verstiegenen Dialogbereitschaft u.a. zeigen, ist, dass der Prozess der interreligiösen und interkulturellen Auseinandersetzung ein wesentlicher Bestandteil von Integrationsprozessen werden muss und vor allem auch von der Ebene der »Religionsführer« heruntergebrochen gehört auf eine Ebene von Alltagspraxis.

Auch dazu leisten die Internationalen Gärten wertvolle Beiträge. So wurden zwei Akteurinnen der Gärten als Vertreterinnen des muslimischen Glaubens nach dem 11. September von einer Göttinger Kirchengemeinde eingeladen, einen Vortrag über den Islam zu halten. Die beiden Frauen »erklärten« auf dieser Veranstaltung den Islam über die Beschreibung kultureller Praktiken. Damit wählten sie einen Zugang, der den Alltag, die Feste und die Subsistenztätigkeiten in den Mittelpunkt stellt. Auf diese Weise erhält der Islam ein »friedliches«, in die Versorgungs- und Austauschverhältnisse eingebettetes Gesicht.

Diese Art der Kulturvermittlung steht nicht in der patriarchalen Tradition der »großen Erzählungen«, sondern lässt sich verorten in neueren Debatten, die sich Thematiken widmen wie Zwischenräume, Netzwerkbildungen, Alltagsgeschichten, multiplen Identitäten oder Grenzregionen von Innen und Außen. Damit ist eine Möglichkeit geschaffen, vorkonstruierte nationale oder eindimensional-religiöse Religionskonzeptionen als Systeme von Geboten und Verboten zu dekonstruieren und auf der Basis von eigenen Erzählungen neue Freiräume zu schaffen.

Mit einem solchen Fokus auf »den Islam« als Alltagspraxis verschwimmen die Grenzen und lösen sich Rezeptionsblockaden auf. Über die kulturellen Praktiken »zu Hause« zu berichten bedeutet zugleich auch, sich zu präsentieren, von der eigenen Geschichte zu erzählen und damit öffentlich »alte« und »neue«, nämlich über den Migrationsprozess reflektierte Identitäten mitzuteilen. Auf diese Weise werden der Islam ebenso wie seine diversen Lokalisierungen im Exil re-inszeniert und damit auf eine sehr eigenständige Weise neu angeeignet (vgl. Schlee/Werner 1996; Horstmann/Schlee 2001). Das ist nicht zuletzt ein bedeutender Beitrag zur Zivilgesellschaft und zu interkulturellen Integrationsprozessen.

Damit könnten die Muslime der Internationalen Gärten zugleich auch gesellschaftliche Trends setzen - und das in einer historisch günstigen Zeit. Das Essener Zentrum für Türkeistudien hat in seiner jüngsten Studie (www.uni-essen.de/zft/

deutsch.html) unterstrichen, dass Migrationsprozesse einen Wandel der Islam-Rezeption begünstigen. Auch das Islam-Verständnis der Türken in Deutschland befindet sich im Wandel. Die repräsentative Studie, die im Februar 2002 vorgestellt wurde, zeichnet Konturen einer europäisch-islamischen Identität (»Euro-Islam«), die durch folgende Attribute, die der großen Mehrheit der in Deutschland lebenden Türken attestiert werden, beschrieben wird:

- Der Glaube wird als vereinbar mit den Normen der modernen Gesellschaft angesehen.
- Die Scharia wird als Gesetz abgelehnt.
- Die Einstellungen sind primär laizistisch geprägt.
- Eine Trennung von Moschee und Staat wird befürwortet.
- Die demokratische und plurale Gesellschaft wird ebenso befürwortet wie die Verfassung.

Fundraising und Forschung: Ausgewählte Kontaktadressen (Internet)

Die Internationalen Gärten Göttingen und ihre Partnerorganisationen *anstiftung ggmbh* und Evangelischen Erwachsenenbildung Göttingen haben die Erfahrung gemacht, dass das Fundraising für dieses Projekt trotz aller öffentlichen Belobigungen und Bepreisungen ein äußerst schwieriges Geschäft ist. Mittlerweile liegen in Göttingen fast 200 Anfragen aus allen Teilen Deutschlands und aus dem Ausland vor. Dies zeigt, dass der Bedarf an innovativen Integrationskonzepten immens ist. Die Internationalen Gärten spielen in diesem Zusammenhang eine Vorreiterrolle, weil in diesem Projekt die unmittelbar Betroffenen selbst komplexe Ansätze der Bildungs- und Integrationsarbeit auch jenseits der bekannten an Erwerbsarbeit gekoppelten Konzepte entwickeln und erproben und damit einen elementaren zivilgesellschaftlichen Beitrag zur Gestaltung des Einwanderungslandes Deutschland leisten.

Dieser Beitrag muss ausgebaut werden und benötigt eine professionalisierte Förder- und Unterstützungsstruktur.

Staatliche Institutionen sind hier dringend aufgefordert, diese innovativen Integrationsmodelle nicht nur verbal, sondern auch mit dem Einsatz finanzieller Mittel zu fördern und zu unterstützen. Als aktuellen Ansprechpartner empfehlen wir außerdem folgende Fördereinrichtungen (die Forschungseinrichtungen fördern zwar nicht, könnten aber für Hinweise und Hintergrundinformationen nützlich sein):

Stiftungen, Fördereinrichtungen, Forschungseinrichtungen	Internet-Adresse
Amadeu Antonio Stiftung, Berlin	www.amadeu-antonio-stiftung.de
Andrea von Braun Stiftung, München	www.AvBStiftung.de
Anstiftung ggmbh, München	www.anstiftung.de
Ausländerbeauftragte der Bundesregierung	www.bundesausländerbeauftragte.de
Bertelsmann Stiftung, Gütersloh	www.stiftung.bertelsmann.de
Deutsche Bundesstiftung Umwelt (DBU), Osnabrück	www.dbu.de
Deutsche Stiftung für UNO Flüchtlingshilfe, Bonn	www.uno-fluechtlingshilfe.de
Europäische Stelle zur Beobachtung von Rassismus und Fremdenfeindlichkeit EUMC, Wien	www.eumc.eu.int
Europäischer Flüchtlingsfonds	www.europa.eu.int/comm/justice_home/project/list_erf_2000_de.htm
Europäisches Forum für Migrationsstudien, Bamberg	www.uni-bamberg.de
Europäisches Migrationszentrum EMZ, Berlin	www.emz-berlin.de
EU-Xenos-Programm	www.xenos-d.de/xenos/seiten/xprogramme.asp
Förderprogramme gegen Rassismus und Fremdenfeindlichkeit	www.nrw.de/zivilcourage/foerderprogramme.htm
Freudenberg Stiftung, Weinheim/Bergstraße	www.freudenbergstiftung.de
Hamburger Institut für Sozialforschung	www.his-online.de/
Heinrich Böll Stiftung, Berlin	www.boell.de
Institut für Migrationsforschung und interkulturelle Studien IMIS, Osnabrück	www.imis.uni-osnabrück.de
Interkultureller Rat in Deutschland	www.interkultureller-rat.de
Körber Stiftung, Hamburg	www.stiftung.koerber.de
Kulturwissenschaftliches Institut im Wissenschaftszentrum NRW, Essen	www.kulturwissenschaftliches-institut.de/
Landeszentrum für Zuwanderung NRW LZZ, Solingen	www.lzz-nrw.de
Sparkassen- und Volksbankstiftungen	lokale/regionale Ansprechpartner
Otto Benecke Stiftung, Bonn	www.obs-ev.de
Robert Bosch Stiftung, Stuttgart	www.bosch-stiftung.de
Stiftung für Bevölkerung, Migration und Umwelt (BMU), Stäfa (Schweiz)	www.bmu-foundation.ch
Unabhängige Kommission für Zuwanderung, Vorsitzende: Prof. Dr. Rita Süssmuth	Zuwanderungsbericht in Volltextversion: www.bmi.bund.de/top/dokumente/Artikel/ix_46876.htm

Kurzprofil Internationale Gärten Göttingen

Die Internationalen Gärten Göttingen entstanden 1996 auf Initiative von bosnischen Flüchtlingsfrauen. Sie wollten ihr Leben auch im Exil wieder selbst in die Hand nehmen. Aus der gärtnerischen Eigenarbeit entstand schrittweise ein Konzept, das neben dem biologischen Anbau von Gemüse, Obst und Kräutern auch handwerkliche, kunsthandwerkliche sowie erwachsenen- und umweltbildende Aktivitäten integriert. Heute gestalten ca. 300 Menschen aus 20 Nationen die Praxis der Internationalen Gärten auf fünf verschiedenen Gartengrundstücken.

Die Subsistenztätigkeiten in und um die Gärten herum ermöglichen sowohl einen Anknüpfungspunkt an agrarkulturell geprägte Lebenswelten, denen viele MigrantInnen entstammen, als auch durch ihr kulturübergreifendes, kommunikatives Potenzial *neue* Verbindungen und Verwurzelungen - nicht zuletzt auch über die Berührung mit so elementaren Dingen wie Erde und Pflanzen. Von den Internationalen Gärten, die mittlerweile ein bundesweit anerkanntes Projekt der Eigenversorgung, der interkulturellen Integrationsarbeit sowie des bürgerschaftlichen Engagements sind, gehen wichtige Impulse für zukunftsfähige Formen der Neuverwurzelung von ZuwanderInnen sowie für das Entstehen einer bereichernden kulturellen Vielfalt im Einwanderungsland Deutschland aus.

Preise/Auszeichnungen

- 2000: Gewinner der Ausschreibung »Der Boden lebt. Neue Umweltbildungskonzepte« des Bundesumweltministeriums (BMU)
- 2001: Förderpreis Aktive Bürgerschaft (Bundessieger)
- 2001: Förderpreis »Aktion Bürger machen Staat« (Landessieger Niedersachsen)

ständige Kooperationspartner

- Forschungsgesellschaft *anstiftung ggmbh*, München und ertomis-Stiftung, Wuppertal
- Ev. Erwachsenenbildung Göttingen/Ev.-Luth. Landeskirche Hannover
- Bundesumweltministerium (BMU)

- Müller, Christa (2001): Homogenisierung oder neue Vielfalt? Kulturelle Globalisierung am Beispiel versorgungswirtschaftlicher Aktivitäten von MigrantInnen in Deutschland. In: ZAU. Zeitschrift für angewandte Umweltforschung Sonderheft 13/2001: Vom Wert der Vielfalt: 250-260, Analytica Verlag, Berlin 2001
- Müller, Christa (2001): Women in the International Gardens: How Subsistence Production Leads to New Forms of Intercultural Communication. In: Bennholdt-Thomsen/Faraclas/Werlhof (eds.): There is an Alternative. Subsistence and Worldwide Resistance to Corporate Globalization: 189-201, Zed Books, London 2001
- Müller, Christa (2001): Interkulturelle Grenzöffnungen, Geschlechterverhältnisse und Eigenversorgungsstrategien: Zur Entfaltung zukunftsfähiger Lebensstile in den Internationalen Gärten Göttingen. In: Nebelung /Poferl/Schultz (Hrsg.): Geschlechterverhältnisse - Naturverhältnisse. Feministische Auseinandersetzungen und Perspektiven der Umweltsoziologie: 183-196, Leske und Budrich, Opladen 2001
- Müller, Christa (2001): Gartenkultur als Interkultur: Die Internationalen Gärten in Göttingen. In: Agrarbündnis (Hrsg.): Landwirtschaft 2001. Der kritische Agrarbericht: 246-250, ABL Bauernblatt Verlags-GmbH, Kassel 2001
- Müller, Christa (2000): Wurzeln schlagen in der Migration. In: Das Parlament Nr. 3-4, Januar 2000: 11

Kontaktadressen

— Internationale Gärten e.V.
Auf dem Hagen 23, 37079 Göttingen
Fon 05 51-5 31 37 87
Fax 05 51-4 76 55
E-Mail shimeles@internationale-gaerten.de
www.internationale-gaerten.de (im Aufbau)

— Vereins- und Spendenkonto: Volksbank Göttingen
Kto.-Nr. 102 601 100
BLZ 26 090 050

— Die gemeinnützige Forschungsgesellschaft *anstiftung* steht ebenfalls als Anlaufstelle für weitere Fragen zur Verfügung:
anstiftung ggmbh
Dr. Christa Müller
Daiserstraße 15, Rgb.
81371 München
Fon: 0 89-74 74 60 19
Christa.Mueller@anstiftung.de
www.anstiftung.de

Forschung unter Sonnenblumen

Literatur

Albrecht, Corinna: Fremdheit und Freiheit oder: Die Schule der Frauen. Xenologische Perspektiven der Flüchtlingsforschung. In: Wierlacher, Alois (Hrsg.): a. a. O., S. 283-296

Altvater, Elmar/Mahnkopf, Birgit: Grenzen der Globalisierung. Ökonomie, Ökologie und Politik in der Weltgesellschaft. Münster: Verlag Westfälisches Dampfboot, 1996

Antonovsky, Aaron (1987): Unraveling the Mystery of Health. How People Manage Stress and Stay Well. San Francisco: Jossey-Bass Publishers

Antweiler, Christoph (1998): Local Knowledge and Local Knowing. An Anthropological Analysis of Contested ›Cultural Products‹ in the Context of Development. In: Anthropos 93, 4-6, S. 469-494

Appadurai, Arjun (1998): Globale ethnische Räume. In: Beck, Ulrich (Hrsg.): a. a. O., S. 11-40

Arens, Hiltrud (2000): ›Kulturelle Hybridität‹ in der deutschen Minoritätenliteratur der achtziger Jahre. Tübingen: Stauffenburg

Bakker, Nico et. al. (eds.): Growing Cities, Growing Food. Urban Agriculture on the Policy Agenda. Feldafing: Deutsche Stiftung für internationale Entwicklung

Bade, Klaus J. (1992). Deutsche im Ausland. Fremde in Deutschland. Migration in Geschichte und Gegenwart. München: C. H. Beck Verlag

Baier, Andrea (Hrsg.) (1996): Lesebuch Frauenstudien. Grundlagentexte der Frauenforschung. Man., Oberstufenkolleg der Universität Bielefeld

Baier, Andrea/Bauer, Yvonne (1989): Aus aller Herren Länder. Frauen auf der Flucht. Diplomarbeit, Fakultät für Soziologie, Universität Bielefeld

Barloewen, Constantin von (1993): Fremdheit und interkulturelle Identität. Überlegungen aus der Sicht der vergleichenden Kulturforschung. In: Wierlacher, Alois (Hrsg.): a. a. O., S. 297-318

Bauman, Zygmunt (1998): Moderne und Ambivalenz. In: Bielefeld, Ulrich (Hrsg.): a. a. O., S. 23-49

Beck, Ulrich (1986): Risikogesellschaft. Auf dem Weg in eine andere Moderne. Frankfurt/M.: Suhrkamp

Beck, Ulrich (Hrsg.) (1998): Perspektiven der Weltgesellschaft. Frankfurt/M.: Suhrkamp

Beck-Gernsheim, Elisabeth (1998): Schwarze Juden und griechische Deutsche. Ethnische Zuordnung im Zeitalter der Globalisierung. In: Beck, Ulrich (Hrsg.): a. a. O., S. 125-167

Literatur

Bennholdt-Thomsen, Veronika (Hrsg.) (1994): Juchitán - Stadt der Frauen. Vom Leben im Matriarchat. Reinbek: rororo aktuell

Bennholdt-Thomsen, Veronika/ Holzer, Brigitte/ Müller, Christa (Hrsg.) (1999): Das Subsistenzhandbuch. Widerstandskulturen in Europa, Asien und Lateinamerika. Wien: promedia

Bennholdt-Thomsen, Veronika/ Faraclas, Nicholas/Werlhof, Claudia von (eds.) (2001): There is an Alternative. Subsistence and Worldwide Resistance to Corporate Globalization. London: Zed Books

Bergem, Wolfgang (1999): Kultur als Identitätsgenerator in ostdeutschen Regionen. Zum Verhältnis von Integration und Differenz im vereinten Deutschland. In: Reese-Schäfer, W. (Hrsg.): Identität und Interesse. Der Diskurs der Identitätsforschung. Opladen: Leske und Budrich, S. 181-205

Bhabha, Homi K. (1994): The Location of Culture. London/New York: Routhledge

Bhabha, Homi K. (1997): Verortungen der Kultur. In: Bronfen, Elisabeth u. a. (Hrsg.): a.a.O., S. 123-148

Bielefeld, Ulrich (Hrsg.) (1998): Das Eigene und das Fremde. Neuer Rassismus in der Alten Welt? Hamburg: Hamburger Edition

Biermann, Frank (2001): Umweltflüchtlinge. Ursachen und Lösungsansätze. In: Das Parlament 11/2001, Beilage

Biesecker, Adelheid/ Mathes, Maite/ Schön, Susanne/ Scurrell, Babette (Hrsg.) (2000): Vorsorgendes Wirtschaften. Auf dem Weg zu einer Ökonomie des guten Lebens. Bielefeld: Kleine Verlag

Bölsche, Jochen (2001): Der verlogene Dialog. In: Der SPIEGEL 51/2001

Bourdieu, Pierre (1979): Entwurf einer Theorie der Praxis auf der ethnologischen Grundlage der kabylischen Gesellschaft. Frankfurt/M.: Suhrkamp

Bourdieu, Pierre (1982): Die feinen Unterschiede. Kritik der gesellschaftlichen Urteilskraft, Frankfurt/M.: Suhrkamp

Bové, José/ Dufour, Francois (2001): Die Welt ist keine Ware. Bauern gegen Agromultis. Zürich: Rotpunktverlag

Brakel, Manus van (1993): Ressourcen weltweit neu verteilen. In: Politische Ökologie 33/93, S. 14 bis 18

Bronfen, Elisabeth/ Marius, Benjamin/ Steffen, Therese (Hrsg.) (1997): Hybride Kulturen. Beiträge zur anglo-amerikanischen Multikulturalitätsdebatte. Tübingen: Stauffenburg

Literatur

BUND/ Misereor (Hrsg.) (1996): Zukunftsfähiges Deutschland. Ein Beitrag zu einer global nachhaltigen Entwicklung. Studie des Wuppertal Instituts für Klima, Umwelt, Energie. Basel: Birkhölzer

Bundesministerium für Verbraucherschutz, Ernährung und Landwirtschaft (BMVEL) (2001): Agrarbericht der Bundesregierung 2001. Berlin

Csikszentmihalyi, Mihalyi (1997): Creativity: Flow and the Psychology of Discovery and Invention. New York: HarperCollins Publishers

Clarke, Tony (1997): Silent Coup. Confronting the Big Business Takeover of Canada. Ottawa/Toronto: Canadian Centre for Policy Alternatives, Lorimer

Deutscher Bauernverband (Hrsg.) (2000): Argumente 2001. Trends und Fakten zur wirtschaftlichen Lage der deutschen Landwirtschaft. Bonn

Elias, Norbert/ Scotson, John L. (1990): Etablierte und Außenseiter. Frankfurt/M.: Suhrkamp

Elwert, Georg (1993): Das Fremde - interdisziplinär betrachtet. In: Breuninger Kolleg: Der Umgang mit dem Fremden. Tagungsdokumentation, S. 153-171

Engelmann, Jan (Hrsg.) (1999): Die kleinen Unterschiede. Der Cultural Studies-Reader. Frankfurt/New York: Campus Verlag

Entzinger, Han (2001): Integrationspolitik in Holland. In: Heinrich-Böll-Stiftung: Einwanderungsland Deutschland, Berlin

Faist, Thomas (Hrsg.) (2000): Transstaatliche Räume. Politik, Wirtschaft und Kultur in und zwischen Deutschland und der Türkei. Bielefeld: transcript Verlag

Friends of the Earth Netherlands (Milieudefensie) (1993): Action Plan Sustainable Netherlands, Amsterdam

Gladis, Thomas (2002): Immigrantengärten in Bonn - Vielfalt der Kulturen. In: Meyer-Renschhausen, Elisabeth u.a.: a.a.O., S. 248-261

Gröning, Gert (2002): Gemeinschaftsgärten in Nordamerika. In: In: Meyer-Renschhausen, Elisabeth u.a.: a.a.O., S. 298-312

Gronemeyer, Marianne (1988): Die Macht der Bedürfnisse. Reflexionen über ein Phänomen, Reinbek

Gruen, Arno (2000): Der Fremde in uns. Stuttgart: Klett-Cotta

Hall, Stuart (1999): Ethnizität: Identität und Differenz. In: Engelmann, Jan (Hrsg.): a.a.O., S. 83-122

Grünsteidel, Irmtraud (2000): Community Gardens. Grüne Oasen in den Ghettos von New York. In: Meyer-Renschhausen, Elisabeth/ Holl, Anne (Hrsg.) (2000): a.a.O., S. 125-139

Literatur

Hall, Stuart (2000): Cultural Studies. Ein politisches Theorieprojekt. Ausgewählte Schriften 3. Hamburg: Argument Verlag

Hardes/Krol/Rahmeyer/Schmid (1995): Volkswirtschaftslehre - problemorientiert, Tübingen

Hauff, Volker (Hrsg.) (1987): Unsere gemeinsame Zukunft. Der Brundtlandt-Bericht der Weltkommission für Umwelt und Entwicklung. Greven: Eggenkamp

Heinemann, Klaus (Hrsg.) (1987): Soziologie wirtschaftlichen Handelns. Sonderheft der Kölner Zeitschrift für Soziologie und Sozialpsychiatrie. Opladen

Heistinger, Andrea (2002): Die Saat der Bäuerinnen. Saatkunst und Kulturpflanzen in Südtirol. Innsbruck/Bozen: loewenzahn Verlag

Hoering, Uwe (2001): Privatisierung im Wassersektor. Entwicklungshilfe für transnationale Wasserkonzerne - Lösung der globalen Wasserkrise? Bonn: WEED-Arbeitspapier

Holzer, Brigitte (1996): Subsistenzorientierung als »widerständige Anpassung« an die Moderne in Juchitán, Oaxaca, Mexico. Frankfurt/M.: Peter Lang Verlag

Horstmann, Alexander/Schlee, Günther (Hrsg.) (2001): Integration durch Verschiedenheit. Lokale und globale Formen interkultureller Kommunikation. Bielefeld: transcript Verlag

Illich, Ivan (1982): Vom Recht auf Gemeinheit. Reinbek: rororo aktuell

Infobrief des Netzwerk gegen Konzernherrschaft und neoliberale Politik, Nr. 5, April 2001 (und folgende). Köln

Inhetveen, Heide (1994): Hortikultur als Vorbild. In: Politische Ökologie, Sonderheft 6, S. 22-27

Inhetveen, Heide (1995): Garten in der Fremde, Fremde im Garten. Türkisch-deutsche »Mischkultur« im Dorf. In: Zentrum für interkulturelle Frauenalltagsforschung und internationalen Austausch e.V. (Hrsg.): Frauen in der Einen Welt, 5. Jg., Heft 1, S. 17-32

Kaller-Dietrich, Martina (2002): Macht über Mägen. Essen machen statt Knappheit verwalten. Wien: promedia

Kemna, Julia (2002): Gartenbautherapie - Von der heilenden Kraft der Gärten. In: Meyer-Renschhausen, Elisabeth u.a.: a.a.O., S. 287-297

Klein-Hessling, Ruth/Nökel, Sigrid/Werner, Karin (Hrsg.) (1999): Der neue Islam der Frauen. Weibliche Lebenspraxis in der globalisierten Moderne. Bielefeld: transcript Verlag

Klingebiel, Ruth/Randeria, Shalini (Hrsg.) (1998): Globalisierung aus Frauensicht. Bilanzen und Visionen. Bonn: Dietz Verlag

Kocher, Viktor (2001): Nach der Sintflut, in: DU. Die Zeitschrift der Kultur, Heft 714, März 2001, Zürich, S. 50-66

Lachenmann, Gudrun/Brühl, Tanja: Frauen und Gleichberechtigung. In: Hauchler, Ingomar/Messner, Dirk/Nuscheler, Franz (Hrsg.): Globale Trends 1998. Fakten Analysen Prognosen. Frankfurt am Main 1997, S. 81-95

Long, Norman/Long, Anne (eds.) (1992): Battlefields of Knowledge: The Interlocking of Theory and Practice in Social Research and Development. London: Routledge

Mauss, Marcel (1990): Die Gabe. Form und Funktion des Austauschs in archaischen Gesellschaften. Frankfurt/M.: Suhrkamp

Meyer-Renschhausen, Elisabeth/Holl, Anne (Hrsg.) (2000): Die Wiederkehr der Gärten. Kleinlandwirtschaft im Zeitalter der Globalisierung. Innsbruck: Studien Verlag

Meyer-Renschhausen, Elisabeth/Müller, Renate/Becker, Petra (2002): Die Gärten der Frauen. Zur sozialen Bedeutung von Kleinstlandwirtschaft in Stadt und Land weltweit. Herbolzheim: Centaurus Verlag

Mies, Maria (1983): Subsistenzproduktion, Hausfrauisierung, Kolonisierung. In: Beiträge zur feministischen Theorie und Praxis 9/10, S. 115-124, Köln

Mies, Maria (2001): Globalisierung von unten. Der Kampf gegen die Herrschaft der Konzerne. Hamburg: Rotbuch Verlag

Mies, Maria/Shiva, Vandana (1995): Ökofeminismus. Beiträge zur Praxis und Theorie. Zürich: Rotpunktverlag

Mies, Maria/Werlhof, Claudia von (1998): Lizenz zum Plündern. Das Multilaterale Abkommen über Investitionen MAI. Hamburg: Rotbuch Verlag

Mittelsten Scheid, Jens: Mehr Eigenarbeit. Bausteine für eine menschliche Zukunft. In: Das Baugerüst (1999) 1, S. 56-59

Müller, Christa (1998): Von der lokalen Ökonomie zum globalisierten Dorf. Bäuerliche Überlebensstrategien zwischen Weltmarktintegration und Regionalisierung. Frankfurt/New York: Campus

Müller, Christa (2000): Das Haus der Eigenarbeit als Fallbeispiel für Vorsorgendes Wirtschaften. In: Biesecker/Mathes/Schön/Scurrell (Hrsg.): a.a.O., S. 108-117

Literatur

Müller, Christa (2001): Interkulturelle Grenzöffnungen, Geschlechterverhältnisse und Eigenversorgungsstrategien: Zur Entfaltung zukunftsfähiger Lebensstile in den Internationalen Gärten Göttingen. In: Nebelung, Andreas/Poferl, Angelika/Schultz, Irmgard (Hrsg.): Geschlechterverhältnisse - Naturverhältnisse. Feministische Auseinandersetzungen und Perspektiven der Umweltsoziologie, S. 183 bis 196, Opladen: Leske und Budrich

Müller, Christa (2002): Zukunftsfähige Landwirtschaft - eine Aufgabe nicht nur für Bauern. In: Wohlan, Margarethe (Hrsg.): Zukunft der Wirtschaft: Landwirtschaft und Ernährung, S. 36-42, Bundeszentrale für politische Bildung, Bonn

Nederveen Pieterse, Jan (1998): Der Melange-Effekt. Globalisierung im Plural. In: Beck, Ulrich (Hrsg.): a. a. O., S. 87-124

Nökel, Sigrid (1996): »Ich hab ein Recht darauf, meine Religion zu leben«: Islam und zweite Migrantengeneration in der Bundesrepublik Deutschland. In: Schlee, Günther/Werner, Karin (Hrsg.): a. a. O., S. 275-303

Paquerot, Sylvie/Revil, Emilie (2001): Wasser marsch, in: Le Monde Diplomatique, April 2001

Peters, Ulla/Sauerborn, Klaus/Spehl, Harald u. a. (1996): Nachhaltige Regionalentwicklung - ein neues Leitbild für eine veränderte Struktur- und Regionalpolitik. Eine exemplarische Untersuchung an zwei Handlungsfeldern der Region Trier, Universität Trier

Polanyi, Karl (1978) (1944): The Great Transformation. Politische und ökonomische Ursprünge von Gesellschaften und Wirtschaftssystemen. Frankfurt/M.: Suhrkamp

Polanyi, Karl (1979): Ökonomie und Gesellschaft. Frankfurt/M.: Suhrkamp

Potts, Lydia/Prasske, Brundhilde (1993): Frauen, Flucht, Asyl. Eine Studie zu Hintergründen, Problemlagen und Hilfen. Bielefeld: Kleine Verlag

Pries, Ludger (1998): Transnationale Soziale Räume. In: Beck, Ulrich (Hrsg.): a. a. O., S. 55-86

Putnam, Robert D. (2000): Bowling Alone: The Collapse and Revival of American Community. New York: Simon & Schuster

Radkau, Joachim (2000): Natur und Macht. Eine Weltgeschichte der Umwelt. München: Beck

Redler, Elisabeth (2001): Salutogene Beschäftigungsförderung. Unveröff. Papier, BMBF-Forschungsprojekt »Zukunft der Arbeit und Nachhaltiges regionales Wirtschaften«, Dessau

Redler, Elisabeth/ Horz, Kurt (1994): Langer Atem für die Eigenarbeit. Bilanz eines Forschungsprojektes. München: *anstiftung ggmbh*

Reusswig, Fritz (1994): Lebensstile und Ökologie. Gesellschaftliche Pluralisierung und alltagsökologische Entwicklung unter besonderer Berücksichtigung des Energiebereichs. Frankfurt: Verlag für interkulturelle Kommunikation

Rifkin, Jeremy (2000): Access. Das Verschwinden des Eigentums. Frankfurt/ New York: Campus

Rosenthal, Gabriele (1995): Erlebte und erzählte Lebensgeschichte. Gestalt und Struktur biographischer Selbstbeschreibungen. Frankfurt/ New York: Campus

Sauerborn, Klaus (1994): Sustainable Development - Eine neue Leitidee für sozialökologisches Wirtschaften? NARET-Diskussionspapier Nr. 2, Universität Trier

Scherhorn, Gerhard (1997): Das Ganze der Güter. In: Meyer-Abich, Klaus Michael (Hrsg.): Vom Baum der Erkenntnis zum Baum des Lebens. Ganzheitliches Denken der Natur in Wissenschaft und Wirtschaft. München: Beck, S. 162-251

Schiffauer, Werner (1983): Die Gewalt der Ehre. Erklärungen zu einem türkisch-deutschen Sexualkonflikt. Frankfurt/ M.: Suhrkamp

Schlee, Günther/ Werner, Karin (Hrsg.) (1996): Inklusion und Exklusion. Die Dynamik von Grenzziehungen im Spannungsfeld von Markt, Staat und Ethnizität. Köln: Rüdiger Köppe Verlag

Schmid, Wilhelm (1998): Philosophie der Lebenskunst. Eine Grundlegung. Frankfurt/ M.: Suhrkamp

Schmidbauer, Wolfgang (2000): Der Gute ist immer der Gärtner. In: Die Woche, 19.5.2000

Schneider, Manuel/ Geißler, Karlheinz/ Held, Martin (Hrsg.) (1995): Zeit-Fraß. Zur Ökologie der Zeit in Landwirtschaft und Ernährung. Politische Ökologie Sonderheft 8. Sept./ Okt. 1995

Schneider, Manuel (1995): Die Folgen des Erfolgs. Zur Ökologie der Zeit in Landwirtschaft und Ernährung. In: ders. u. a.: a. a. O., S. 6-14

Sen, Amartya (2000): Ökonomie für den Menschen. Wege zur Gerechtigkeit und Solidarität in der Marktwirtschaft. München/Wien: Carl Hanser Verlag

Shimeles, Tassew (2000): Projekt Internationale Gärten. Ein Beitrag für sozialen Frieden. Ms. (unveröff.), Göttingen

Shimeles, Tassew (2001a): Tätigkeitsbericht 2000 (unveröff.), Göttingen

Shimeles, Tassew (2001b): Zwischenbericht ans Bundesumweltministerium (unveröff.), Göttingen

Shiva, Vandana (2001): Protect or Plunder? London: Zed Books

Stichweh, Rudolf (1997): Der Fremde - Zur Soziologie der Indifferenz. In: Herfried Münkler (Hrsg.) Furcht und Faszination. Facetten der Fremdheit. Berlin: Akademie-Verlag, S. 45-64

Stone, Edie (2002): Community Gardening in New York City wird zur politischen Bewegung. In: Meyer-Renschhausen, Elisabeth u.a.: a.a.O., S. 159-177

Terkessidis, Mark (1999): Globale Kultur in Deutschland. Oder: Wie unterdrückte Frauen und Kriminelle die Hybridität retten. In: Hepp, Andreas/Winter, Rainer (Hrsg.): Kultur - Medien - Macht. Cultural Studies und Medienanalyse. Opladen/Wiesbaden: Westdeutscher Verlag, S. 237-252

UNDP (1998): Bericht über die menschliche Entwicklung 1998, Bonn

Werlhof, Claudia von (1996): Mutter-Los. Frauen im Patriarchat zwischen Angleichung und Dissidenz. München: Frauenoffensive

Werlhof, Claudia von/Mies, Maria/Bennholdt-Thomsen, Veronika (1983): Frauen, die letzte Kolonie. Reinbek: rororo aktuell

Werner, Karin (1997): Between Westernization and the Veil. Contemporary Lifestyles of Women in Cairo. Bielefeld: transcript Verlag

Werner, Karin (2001): Beobachtungen zum Verhältnis von Islam und Globalisierung - eine Feldforschung in Ägypten revisited. In: Horstmann, Alexander/Schlee, Günther (Hrsg.) (2001): a.a.O., S. 49-71

Wichterich, Christa (1998): Die globalisierte Frau. Reinbek: rororo

Wierlacher, Alois (Hrsg.) (1993): Kulturthema Fremdheit. Leitbegriffe und Problemfelder kulturwissenschaftlicher Fremdheitsforschung. München: iudicium

Young, Brigitte (1998): Genderregime und Staat in der globalen Netzwerkökonomie. In: Prokla, Nr. 111/1998: Globalisierung und Gender

Zur Autorin

Dr. Christa Müller, Studium der Soziologie und Politikwissenschaft an den Universitäten Bielefeld, Marburg, Berlin und Sevilla, Forschungsaufenthalte in Costa Rica, Mexiko und Westfalen, 1997 Promotion zum Dr. rer. soc. an der Universität Bielefeld, Mitbegründerin des Instituts für Theorie und Praxis der Subsistenz; seit 1999 wissenschaftliche Mitarbeiterin der Forschungsgesellschaft *anstiftung* in München, Lehrbeauftragte an der Universität Innsbruck, 1998 Schweisfurth Forschungspreis für Ökologische Ökonomie; seit 1999 Begleitforschung in den Internationalen Gärten

Weitere Veröffentlichungen (Auswahl):

- Von der lokalen Ökonomie zum globalisierten Dorf. Bäuerliche Überlebensstrategien zwischen Weltmarktintegration und Regionalisierung. Campus Verlag, Frankfurt/New York 1998
- Das Subsistenzhandbuch. Widerstandskulturen in Europa, Asien und Lateinamerika (gemeinsam mit V. Bennholdt-Thomsen und B. Holzer). promedia Verlag, Wien 1999
- Zukunftsfähige Landwirtschaft - eine Aufgabe nicht nur für Bauern. In: Wohlan, Margarethe (Hg.): Zukunft der Wirtschaft: Landwirtschaft und Ernährung, S. 36-42, Bundeszentrale für politische Bildung, Bonn 2002
- Markt, Macht und Diskurs als Barrieren auf dem Weg zu sozial-ökonomischer Eigenständigkeit in der Plattenbausiedlung Wolfen-Nord. In: Elsner, Wolfram/ Biesecker, Adelheid/Grenzdörffer, Klaus (Hg.): Ökonomische Be-Wertungen in gesellschaftlichen Prozessen: Markt - Macht - Diskurs: 143-160, Centaurus Verlags-Gesellschaft, Herbolzheim 2001
- Rückblick in eine mögliche Zukunft - Neue ökonomische Perspektiven durch Local Players? In: Ökologisches Wirtschaften 5/6 1999: 4-6
- Investment on our Backs? In: Lola Press. International Feminist Magazine: 42 bis 45, Berlin/Montevideo/Johannesburg 1998
- Regionale Produktion statt globale Beschäftigungstherapie. Subsistenzorientierte Überlegungen zur Zukunft der Arbeit. In: Zukünfte. Zeitschrift für Zukunftsgestaltung und vernetztes Denken Nr. 22: 20-22, 1998

Danksagung

Mein erster Dank geht an Tassew Shimeles, ohne dessen interkulturelle Kompetenzen, große Geduld und vielfältigste Visionen die Internationalen Gärten sicherlich nicht existieren würden. Auch Najeha Abid gebührt besonderer Dank, denn sie stand nicht nur jederzeit für Interviews und endlose Nachfragen zur Verfügung, sondern ist auch eine exzellente orientalische Gastgeberin.

Dank schulde ich außerdem meinen InterviewpartnerInnen und InformantInnen: Ismail Abdi Abdullahi, Susan Abid, Jamila Alidousti, Hajat Ardjomandi, Uta Gerweck, Tahsin Hossain, Samia Karkaba, Peter Lahmann, Ahmet Masut, Avin Mohammad, Werner Peter, Franz Schulze und Hamdia Omar, sowie allen, die mitdiskutiert haben:
Andrea Baier und Dr. Karin Werner für viele inspirierende Gespräche, außerdem Prof. Dr. Claudia von Werlhof, Prof. Dr. Veronika Bennholdt-Thomsen, Dr. Brigitte Holzer, Dr. Klaus Wazlawik, Prof. Dr. Gottfried Orth, Dr. Ulla Peters, Monika Jaeckel, Henrik Stöver, Dr. Manuel Schneider, Prof. Dr. Christiane Busch-Lüty und Frauke Liesenborghs.

Auch meinen KollegInnen von der *anstiftung* in München danke ich für die vielfältige Unterstützung und Alexandra Caterbow vom ökom-Verlag für die gute Zusammenarbeit.

Dieses Buch kam zustande mit personeller und finanzieller Unterstützung der *anstiftung ggmbh* München, der *ERTOMIS Stiftung* Wuppertal, des Bundesministeriums für Umwelt und der *UNO-Stiftung für Flüchtlingshilfe* in Bonn. Ihnen allen gebührt großer Dank.